新视野·文化遗产保护论丛

文化遗产保护科技支撑

单霁翔 著

图书在版编目（CIP）数据

文化遗产保护科技支撑 / 单霁翔著 .—天津：天津大学出版社，2017.1（2024. 5 重印）
（新视野・文化遗产保护论丛 . 第二辑）
ISBN 978-7-5618-5769-4

Ⅰ . ①文… Ⅱ . ①单… Ⅲ . ①文化遗产—保护—中国—文集 Ⅳ . ① G122-53

中国版本图书馆 CIP 数据核字（2017）第 035561 号

策划编辑 金　磊　韩振平
责任编辑 姜　凯
装帧设计 谷英卉

出版发行 天津大学出版社
地　　址 天津市卫津路 92 号天津大学内（邮编：300072）
电　　话 发行部：022-27403647
网　　址 publish.tju.edu.cn
印　　刷 永清县晔盛亚胶印有限公司
经　　销 全国各地新华书店
开　　本 148mm × 210mm
印　　张 7.875
字　　数 227 千
版　　次 2017 年 1 月第 1 版
印　　次 2024 年 5 月第 2 次
定　　价 58.00 元

工程”那样的国家重点科技发展任务和项目；三是要在科技体制、机制上有所突破，要提出建设符合市场经济体制和科学技术自身发展规律的文物保护事业创新体系的总体思路和战略部署，以及一系列可操作的政策措施和建议。

这次规划编制工作的开展，采取面向社会公开招标的形式，是从有利于文物保护事业的发展出发，从有利于文物保护事业科学和技术的进步出发，从有利于文物保护事业科技创新体系的建设出发的角度而选择的；充分体现了自然科学与社会科学并重的原则，体现了理论联系实际的原则，体现了全社会参与的原则，体现了“为我所用，以我为主”的原则。在规划的编制工作中，要加强统一领导，广泛调动各方面积极性；要先做战略的研究，再做规划的研究；要充分发扬民主，鼓励争鸣。

希望各位专家评委发挥各自专业领域的特长，充分发表意见，依靠大家的智慧，选择最优方案及课题承担单位，为战略研究工作以及规划制定工作奠定坚实的基础。

在文物保护事业科学和技术发展战略与规划研究课题评标会上的讲话

（2003 年 8 月 1 日）

今天，国家文物局在这里举行文物保护事业科学和技术发展战略与规划研究课题评标会，邀请到科技界、经济界和社会界等各方面的专家学者及有关部门的专家参与我们的评标活动，在此表示由衷的敬意与感谢。希望各位专家评委为我们建言献策，从战略的高度对文物保护事业科学和技术发展规划提出中肯意见和建议。

文物保护事业科技领域是国家科技发展的重要组成部分。国家文物局对文物保护事业科技发展战略与规划编制工作高度重视。我们要以“保护为主、抢救第一、合理利用、加强管理”的文物工作方针为指导，站在国家文物保护事业全局的高度，认真开展文物保护科学和技术发展的战略与中长期规划研究，解决事业发展的难点、热点问题，促进学科自身的建设和发展，全面落实《文物保护法》，使文物保护事业在国民经济与社会发展中发挥更大作用。

通过战略研究，力争实现“三个突破”：一是在科技发展的总体战略上有所突破，要提出未来 15 到 20 年我国文物保护事业及科学和技术发展的总体战略和切实可行的战略目标；二是在重大科技发展任务上有所突破，要根据国家长远发展和近期需求，提出文物保护事业科学和技术发展的战略重点、优先领域和关键技术等，要能凝练出类似“夏商周断代工程”“文物保护技术与中华文明探源

自序：把工作当学问做 把问题当课题解

“新视野·文化遗产保护论丛”出版在即，出版社嘱我写一个自序。心怀往昔，愿以时间为轴写出自己简短的感言，希望聚焦有启迪意义的文化历程，也希望表达充满真情实感的“乡愁”。

2011年8月25日清晨接到通知，我将要离开工作近10年的国家文物局，到故宫博物院工作。消息突然，没有精神准备。记得当天上午工作日程是在中国文化遗产研究院做专题报告。一路上，10年来的工作情景在脑海中闪过，想到在走向新的岗位之前，应该对以往工作进行回顾，负责任地进行工作交接，于是到会场后便放弃了已经准备好的多媒体演示内容，改为讲述参与中国文化遗产保护的体会，将近两个小时的畅谈，仍感意犹未尽，充满着回望与寻觅的思绪。

如今看来，当年的工作状态可谓“不堪回首”。就在接到通知那天之前的一周内，还经历了“南征北战”的过程：8月18日在吉林长春为市、县政府领导培训班做文化遗产保护报告；8月20日在西藏拉萨参加中国西藏文化论坛；8月21日在四川雅安参加茶马古道保护研讨会；8月23日和24日在福建福州分别参加全国生态博物馆、涉台文物保护总体规划评审，国家水下文化遗产保护中心福建基地启动，三坊七巷社区博物馆揭牌等活动。

一周数省，这就是当年常态化的工作状况。是什么力量支撑着自己一路前行？除了文物人“敢于担当、乐于奉献”的情结外，恐怕最主要的就是“把工作当学问做、把问题当课题解”的工作方法。不断出现的问题、不断凸现的矛盾和不断涌现的挑战，将时间撕裂成一块块“碎片”，甚至一天之内要进行几次“脑筋急转弯”。如果不能针对闪过的想法及时停下来思考、面对发现的问题及时静下来反思，就会陷于疲于应付、不堪重负的境地。城乡建设大规模展开的时期，必然是文化遗产保护最紧迫、最关键的历史阶段。只有“把工作当学问做、把问题当课题解”，才能在复杂的情况下，夯实基础，居安思危，防患未然；在困难的情况下，深思熟虑，心中有数，底气十足；在紧急的情况下，头脑清醒，敢于直面，坚守底线。

“把工作当学问做、把问题当课题解”的工作方法，需要持之以恒，读书、思考、写作、归纳，早已成为每天的必修课。无论是在考察途中的汽车里，还是在往返的飞机上，抑或是在家中的书桌前，以电脑为伴，将考察的感想、调研的体会、阅读的心得及时记录下来。正是因为这一次次的梳理思绪、深化认识，长期下来，居然积攒下上千万字的记录，包括论文、报告、访谈、提案，林林总总，其中既有“一吐为快”的真实感受，也有“深思熟虑”的肺腑之言，还有“临阵磨枪”的即席表达。将它们汇集起来，既是一个时期实践经验的点滴记载，也是一个时代文化遗产事业的综合纪实，还是一个文化遗产保护工作者不息生命的心灵写作。面对这些海量且繁杂的“原生态”记录，早已萌生出按照内容进行分类归纳的愿望。所幸天津大学出版社伸出援手，以“新视野·文化遗产保护论丛”为名，按照不同内容进行分辑分册，涉及文化遗产保护基础建设、文化遗产保护项目实施和文物博物馆事业发展等诸多方面。

一路走来，吴良镛教授的学术思想始终像一座灯塔照亮我前行的方向。“把工作当学问做、把问题当课题解”，源于吴良镛教授所倡导的“融贯的综合研究”理论框架。就是力图从更广阔的视野、更深入的角度，分析和梳理文化遗产之间的内在联系，探索和建立新的文化遗产类型和相应的保护方式，使制约文化遗产事业发展的重点、难点和瓶颈问题不断得以有效解决。实践证明：文化遗产保护、城市文化建设、博物馆发展，在方法上、尺度上、内容上虽然各有不同，但是三者有着共同的研究对象，三位一体进行“融贯的综合研究”，则可以呈现出中国特色文化遗产保护的新视野。

从1984年进入城市规划部门以来已经30余载，从1994年进入文物系统以来也已经20余年，其间有不少令人难忘的回忆。有幸在职业生涯的最后一站，来到故宫博物院，一方面继续享受紧张工作带来的压力和挑战，另一方面得以将几十年来积累的体会应用于具体实践。今天，更为突出的感受是，只有“把工作当学问做、把问题当课题解”，且加强全程管理，才能使每一项工作都与细节管理挂起钩来，把桩桩件件事情都做得细之又细，才能获得持续发展的后劲。

北京时间2014年6月22日15时19分，从卡塔尔首都多哈传来喜讯，在第38届世界遗产委员会会议上，中国大运河被列入《世界遗产名录》。30分钟后，跨国联合申报的“丝绸之路：长安—天山廊道的路网”也顺利通过评审。作为大运河和丝绸之路保护与申报的参与者和见证者，我格外激动和自豪。2015年5月5日，从文化遗产保护现场又传来好消息，世界文化遗产——大足石刻千手观音造像抢救性保护修复工程竣工，看到“前方”传来修复后的美轮美奂的千手观音造像影像，我激动不已。回想2008年“5·12汶川大地震”后的第8天，我们从四川地震重灾区赶到重庆大足，看望已经800岁高龄的千手观音造像，看到早已满目疮痍的文物本体又被地震殃及，当即决定开展抢救保护工作，将其列为石窟类保护的“一号工程”，如今千手观音造像再现“慈祥的微笑”，得以功德圆满。的确，每当昔日的努力成就今日的收获，都是文化遗产保护工作者最幸福的时刻。

2006年6月10日，我们曾以无比喜悦的心情迎来了中国第一个“文化遗产日”。10年的奋争，10年的坚守，10年的耕耘，10年的收获。再过半个多月，我们又将以无限期待的心情，迎来中国第十个“文化遗产日”。谨以“新视野·文化遗产保护论丛”献给这一节日，献给长期以来用智慧和汗水呵护文化遗产的文博同人，祝愿祖国的文化遗产永葆尊严；献给长期以来用真情和热心关注文化遗产的社会民众，祝中华文化遗产事业蓬勃发展。

2015年5月25日

目录

在全国考古工作汇报会上的讲话

（2003年12月7日·广东广州）

在《文物保护法》颁布实施一周年之际，我们召开了这次全国考古工作汇报会。考古学界的各位专家、前辈以及考古系统的同人们聚集广州，共商新时期我国考古工作繁荣发展的大计。

全国考古工作汇报会

去年10月，全国人大常委会通过了新修订的《文物保护法》，将“保护为主、抢救第一、合理利用、加强管理”的文物工作方针写入了法律。今年5月，国务院颁布了《文物保护法实施条例》，为文物保护工作提供了更加充分和完备的法律保障，给我们以极大的鼓舞和鞭策。作为文物考古工作者，要以深入学习、大力宣传、努力贯彻、坚决执行《文物保护法》为首要任务，以高度的紧迫感、责任感和使命感，依法做好考古工作。

文物工作方针所阐述的科学内涵，既强调了文物工作的重点所在，又突出了文物工作各个方面的辩证关系，符合文物工作的自身规律和客观实际,尤其适合指导我们做好大遗址保护工作。大家知道，由于大遗址具有占地范围大、可观性相对较差等特点，再加上各种自然因素和人为因素的影响，保护起来难度非常大。但是，保存至今的古遗址、古墓葬同其他类型的文化遗产一样，是中华文明的真实见证，是民族历史文化的物质载体，同时也是考古学赖以生存和发展的物质基础。一旦损毁，将是民族之憾、历史之恨、科学之痛。

20世纪90年代以来，国家文物局一直强调大遗址的保护工作，积极探索大遗址保护的方针、原则和方法，并选择了一些重要遗址进行保护工作试点。通过长时间摸索，不断总结经验教训，在大遗址保护方面逐渐达成这样的共识：首先进行考古调查、勘探和必要的考古发掘工作，搞清楚遗址的文化内涵和分布范围，划定保护范围和建设控制地带，做好“四有”工作，在此基础上，制定保护规划和专项保护展示方案，按程序报批后实施。随着《文物保护单位保护规划编制审批管理办法》的出台，大遗址的保护工作将步入法制化、科学化、规范化轨道。

我们的考古学家们拥护和执行“保护为主、抢救第一、合理利用、加强管理”的文物工作方针。一贯强调加强对古遗址、古墓葬的保护，反对在目前情况下主动发掘帝王陵寝和重要的墓葬。一贯坚持以国家基本建设中的考古发掘为主，同时要求建设部门在规划、设计、施工中依法保护好地下文物。例如对乾陵的保护、对殷墟的保护、对三峡工程中的文物保护等，各位考古学家为此付出了很多心血和汗水。提到三峡工程中的文物保护工作，我们还应当特别感谢和怀念在这项工作中作出重大贡献的俞伟超先生和傅连兴先生。两位先生虽然先后离开了我们，但是他们为文物保护事业作出的贡献将永载史册。

20 世纪 20 年代，近代考古学传入中国，经过几代人孜孜不倦的探索，伴随着社会经济的发展和科学技术的进步，经历了引进、摸索、发展、开放的过程，终于步入了繁荣发展的时代。考古学学科体系日益完善，新的考古发现层出不穷，学术思想空前活跃，对外合作进一步扩大，中国考古学在阐述世界文明发展史上正在发挥越来越大的作用。

人类社会进入 21 世纪，经济全球化趋势明显加快，以信息技术为主要标志的科技进步日新月异，国际文化交流更加广泛，“地球村”的概念逐步深入人心。在这样的历史背景下，考古工作如何面向现代化、面向世界的问题已经摆在我们面前。有的专家学者曾经讲过，21 世纪的中国考古学将是世界性的中国考古学。新世纪考古学发展的方向，可以概括为科学化、现代化、国际化和大众化。

科学技术的进步，促进了生产力的发展，改变了人们的观念和意识，影响到社会生活的方方面面，考古学也不例外。当前考古学所关心的问题已经远远超出物质文化的分期、性质判定等范畴，正在努力通过复原过去人们各种行为来达到对人类社会历史的比较全面的把握，另一方面，又需要从社会内部各层面、各系统以及它们和社会的环境、资源、气候等背景的互动中，发现社会发展演进的原因，从而发展出许多新的研究领域。各种勘探技术、测绘技术、测年技术、成分分析技术、保存技术以及信息技术等被日益广泛地应用于考古学研究和文物保护，丰富了考古研究和文物保护的方法和手段。与西方发达国家相比，在现代科学技术与考古学研究结合的广度和深度方面，我们还存在不小的差距。因此，我们要更加积极主动地加强与国外研究机构的合作与交流，跟踪世界学术研究动态和前沿课题，学习吸收其合理的理论、方法和手段，使我们在较短的时间内有比较快速的发展。

当今的社会是智力竞争的社会，学科的发展离不开人才的培养。新中国成立以后，老一辈考古学家育李栽桃，言传身教，培养了考古学科英才辈出、长盛不衰的学术梯队，树立了考古队伍严谨求实、安贫乐道的一代学风。今天，我们的考古队伍已经达到了相当的规模，研究水平也达到了比较高的层次。但是，随着经济建设规模的持续扩大和科学技术的迅猛发展，我们已经感到了人才短缺、知识更新的压力。加强考古队伍建设，加快人才培养步伐已经成为保证事业持续发展的关键。

回顾过去，我们充满喜悦；展望未来，我们满怀信心。但是，科研无止境，探索无穷期，在信息技术迅猛发展的现代社会，我们没有理由故步自封，没有理由不与时俱进。

关于将历史文化遗产保护领域问题研究列入国家中长期科学和技术发展规划的提案[①]

（2004 年 3 月）

我国丰富多彩的历史文化遗产，是中华民族悠久历史的重要见证，是光辉灿烂的中华文化的重要载体，是维系中华民族团结统一的精神纽带。在我国全面实现小康社会的进程中，文化遗产作为一种以传承后代为主要使命的特殊资源，在政治、经济、文化等各方面的作用日趋突显。文化遗产保护已成为我国可持续发展战略的一项重要组成部分。

改革开放以来，我国文化遗产保护蓬勃发展，但面临形势仍十分严峻。大规模建设，包括旧城改造、房地产开发、基础设施建设、土地平整等，使那些代表祖国历史辉煌的大遗址日遭蚕食，许多历史文化名城的传统风貌遭到破坏；许多作为旅游核心资源的重大文化遗产遭受掠夺式开发、破坏性使用；非法交易诱发的盗掘古墓葬、盗窃乃至抢劫田野石刻、佛教造像、博物馆藏品的犯罪活动屡禁不止；环境恶化、自然侵蚀和突发灾害，非科学的修复、发掘等，也使文化遗产遭受不同程度的损毁。对上述威胁与破坏，若不尽快采取科学有效的对策和措施，在近年内，国家文化遗产资源将面临进一步破坏危险。

① 此文为在全国政协十届二次会议上的提案，联名提案人：刘庆柱 樊锦诗 陈漱渝 王洪华 夏燕月 安家瑶 杨力舟

国际普遍对文化遗产保护及其科技支撑给予高度重视。欧盟科技发展第六框架计划，列入“文化遗产保护和相关研究”，作为增强经济潜力和凝聚力的战略重点。国际政府间组织 ICCROM（国际文化遗产保护与修复研究中心）当前的首要战略，就是提高文化遗产保护价值的认知，认识文化遗产保护与自然或环境保护具有相同的重要性,并与其保护相结合。与世界上文化遗产保护发达国家相比，我国文化遗产保护的科学技术水平有着相当大的差距，与亚洲国家相比，不仅位于日本、韩国、印度之后，甚至落后于东南亚一些国家。我国文化遗产保护缺乏系统的战略研究，尚未形成科学的研究体系；对历史意义重大的遗产地未能高度重视，并给予综合性保护和跨学科支撑；对文化遗产的制作工艺和材料、破坏和退化原因、传统修复工艺缺乏必要的科学分析及理论研究；田野考古方法缺乏创新，多学科合作力度不够，难以充分获得文化遗产信息；监测技术落后，数据积累及评估标准匮乏，无法形成国际普遍的以预防性为主的保护模式。总体上存在着科技人才严重匮乏、力量分散，资源利用率低，管理机制落后，科研经费投入严重不足（1990 到 2003 年，科研项目投入经费共 2 160 万元，年均只有 154 万元）等诸多问题。

为改变上述情况，建议：

第一，加大文物保护科学研究力度。结合目前国家制定科技发展规划的良好机遇，将历史文化遗产保护领域中长期科学和技术发展问题研究列入国家中长期科学和技术发展规划，并给予重点指导和支持。

第二，加强历史文化遗产保护领域的科技投入。重点解决：规范标准体系、科技基础条件、人才培养等方面的基础建设工作，建立文化遗产保护科学技术发展的支撑体系；开展文化遗产调查评估、基础科学研究与关键技术攻关、传统科学技术的科学化继承等方面的研究，提高文化遗产保护科学技术的综合水平；实施重大文化遗产地综合保护示范行动、文化遗产安全防范监测预警系统、以博物馆为平台的文化遗产认知工程和中国数字博物馆建设工程。全面促进文化遗产保护和增强文化遗产保护科技工作的集成、继承和创新能力，实现文化遗产保护强国的目的。

在国家文物局田野考古奖颁奖典礼上的讲话

（2004 年 6 月 10 日）

今天，我们在这里举行国家文物局 2001—2002 年度田野考古奖颁奖典礼。

国家文物局田野考古奖已经评过五次，但是举行颁奖典礼还是第一次。国家文物局一贯十分重视田野考古工作。为奖励在我国田野考古中作出突出成绩的考古研究单位和个人，调动广大田野考古工作人员的积极性和创造性，促进田野考古发掘及研究工作的进步与发展，国家文物局于 1993 年颁布施行了《国家文物局田野考古奖励办法（试行）》并颁发奖项。这一举措，得到了社会各界尤其是考古学界的普遍重视，大大促进了考古工作水平的提高。

2003 年下半年，我们对各地报送国家文物局田野考古奖的申报材料进行了整理、初审，并于今年 1 月 5 日至 8 日召开田野考古奖评审会议，组织专家对申报材料进行评审。最终在 22 个申报项目中，评出广西桂林甑皮岩遗址一项二等奖及山西太原王家峰北齐徐显秀墓等八项三等奖。考古工作者们长期在野外工作，风餐露宿，栉风沐雨，条件十分艰苦。今天我们在此举行颁奖典礼，既是表彰近年来在田野工作中取得突出成绩的单位，同时也代表国家文物局向辛勤工作的考古工作者们致以敬意。

借此机会，我也想对今后的田野考古工作讲几点意见。

一是做好田野考古工作，必须强调保护意识。考古工作是文物工作的重要组成部分，“保护为主、抢救第一、合理利用、加强管理”的文物工作方针，明确了田野考古工作的首要目的就是为了更好地保护文物。因而我们在制订发掘计划的时候，就要树立“保护为主”的意识，并贯彻工作始终。当前全国的考古发掘项目比较多，总体而言各项工作是严格和规范的，但是在出土文物及重要遗迹现象的保护方面也陆续暴露出一些问题，这应当引起各单位的注意。各考古发掘单位应增强文物保护意识，树立考古发掘与文物保护协同共进的理念，最大限度地发挥考古发掘在文物保护方面的积极作用。同时要增强文物安防意识，考古发掘现场出土文物的登记、保管工作还需进一步加强。

二是做好田野考古工作，必须树立课题意识。树立课题意识，确立明确的学术目标、制订科学的发掘计划并加以施行，这是做好田野考古工作的根本保证。历年来取得突出成绩的考古项目，都是牢牢把握这一关键，踏实力行的。近几年来，随着国家西部大开发战略的实施和积极财政政策的落实，基本建设投资规模不断加大，在当前和今后一个时期基本建设中的抢救性考古发掘仍是全国考古工作的首要任务。基本建设中的抢救性发掘和学术性主动性发掘相比，虽然有着不少限制，但同样要有明确的课题意识和学术目标，必须制订科学的发掘计划并予以实施。近年来在全国田野考古工作中多次出现由于不遵守田野考古操作规程而造成出土文物损坏的现象，对此我们要提高警惕，坚决制止。我们现在运用的田野考古工作方法，是经过几代考古学者不懈探索而形成的，实践证明是较为完备并符合中国国情的，我们开展田野工作应当严格遵循。

三是做好田野考古工作，要加强多学科的合作研究。当今社会，现代化科技飞速发展。在考古学研究的各个环节引入相应的自然科学知识和先进技术，加强多学科的合作，是当今考古学发展的必然趋势，这对于作为考古学研究基础环节的田野考古工作来说尤其重要。因此，我们在田野考古工作中应加强多学科合作实践，不断积累经验以使工作方法更臻完善，这样才能有效地提高发掘水平和发掘质量，才能让考古发掘真正达到保护文物的目的。

今天，我们的文物工作能够取得喜人的成绩，离不开文物保护工程和田野考古第一线同事们的努力奋斗。希望大家再接再厉，继续发扬科学严谨、创新求实、团结奋进、默默奉献的优良作风，让我国的文物保护事业科学健康地稳步前进！

在全国文物保护科技工作会议上的报告

（2004 年 9 月 24 日）

全国文物保护科技工作会议

在国家制定中长期科学和技术发展规划的重要时刻，我国文化遗产保护与传承迎来难得的历史机遇。今天，我们聚集一堂，在首都北京召开第一次全国文物保护科技工作会议。这次会议的主题是，回顾新中国成立以来文物科技工作取得的成就与经验，遵循国家文物保护事业和科技发展的总体要求，确定文物科技发展思路和中长期发展规划，部署“十五”末至“十一五”期间的工作，开创文物科技工作新局面，为把我国建设成为文物保护强国奠定坚实基础。

一、新中国成立以来文物保护科技工作的回顾

新中国成立以来，文物保护科技不断进步，已经初步建立了一批科研机构，形成了专门队伍和有效运行机制，完成了许多具有重要影响的科学研究和应用项目，为文物事业发展作出了突出贡献。

新中国成立初期，根据国家建设和文物保护的需要，文物科技工作者继承和发展传统保护修复技术，抢救了大批有价值的文物。例如三门峡库区文物调查与抢救、山西芮城永乐宫搬迁、陕西汉中十三品石刻搬迁和唐墓壁画揭取与保护等。

20 世纪 60 到 70 年代，国家制定了《1963—1972 年文物保护科学技术发展规划》，成立了文物保护科学技术研究所，各地文物博物馆单位也相继建立了文物保护实验室，同时积极开展文物保护科技的国际交流。一批老一辈的科技专家投身文物保护事业，为文物保护科技发展奠定了良好的基础。一系列重大的考古新发现极大促进了文物保护科技工作。1972 年长沙马王堆汉墓发掘与出土文物的保护，首次集中全国最高水平的考古与科技专家联合攻关，攻克了许多科技难题，完成了对帛画、简牍、丝织品、漆器的提取和保护，成为当时全国文物工作中的一大亮点。

改革开放，迎来科学的春天，文物保护科技工作突飞猛进。特别是实施科教兴国战略以来，国家加强了宏观管理，加大了经费投入，文物保护科技工作得到进一步加强和快速发展。国家文物局 1996 年专门设立科技教育处，后来又发布了《文物科技成果应用指南》，编制了文物保护科技“十五”规划。2003 年，为进一步适应文物保

护科技和信息化发展的需要，专门设立了科技信息处。同时，地方文物部门也加强了文物保护科技的管理和投入。

北京云居寺石经保护工程

新中国成立以来，通过继承传统、积极引进、消化吸收、不断壮大，实现了我国文物保护科技工作的长足发展，文物工作的科技含量不断提高，取得了显著成绩，主要表现在以下几点。

（1）建立了一批文物保护的研究机构和人才培养基地，培养了大批专门人才。中国社会科学院、中国科学院、中国工程院、中国建筑设计研究院、中国城市规划设计研究院、中国文物研究所、故宫博物院、中国国家博物馆、敦煌研究院、西安文物保护修复中心、上海博物馆、南京博物院、湖北省博物馆等研究机构，发挥着越来越大的作用。北京大学、清华大学、复旦大学、兰州大学、吉林大学、东南大学、中山大学、四川大学、西北大学、南开大学、同济大学、天津大学、中国科学技术大学、北京科技大学、西安交通大学等高等院校，培养了大批专业人才。

（2）文物保护科技法规建设和管理工作不断加强，投入加大。新修订的《中华人民共和国文物保护法》及其《实施条例》，对文物保护科技作出明确规定。国家文物局依法今年陆续颁布了《文物保护科学和技术研究课题管理办法》《文物保护科学和技术研究课题招标评标暂行办法》《文物保护科学和技术创新奖励办法（试行）》等管理规章。设立了国家文物局科研课题管理办公室，为文物保护科技工作的健康发展提供了保证。最近，又发布了《历史文化遗产保护领域科学和技术研究课题指南（2004—2005）》，积极推动了科研、保护与管理工作的有机结合。科研经费投入逐年增长。“九五”期间，国家用于文物保护科研的经费由“八五”期间的每年30万元，增加到2000年的450万元；“十五”期间继续增加到2004年的900万元。

（3）文物保护科技进步显著，科研成果成为文物保护事业的重要支撑。广大文物保护科技工作者勇于实践，刻苦攻关，取得了一系列令人瞩目的科研成果，产生了显著的社会效益和经济效益。在大批文物保护科技成果中，有8项获得国家科技奖励，118项获得文化部、国家文物局科技进步奖、文物保护科学和技术创新奖。

① 现代科技的引进和应用，拓展了文物保护科学研究领域。元素成分分析技术，碳十四、热释光等测年技术，电阻率法、电磁法和卫星定位等现代勘测技术，为文物本体、考古勘探等研究提供了新手段。

② 馆藏文物保存、修复技术取得了重要进步。在秦始皇陵铜车马修复、秦俑彩绘保护、法门寺出土丝织品保护、饱水简牍和漆木器脱水保护、纸质文物保护、出土铁器脱盐保护等方面，现代科技

都发挥了突出的作用。

③ 不可移动文物保护科技水平不断提高。西藏布达拉宫保护工程，敦煌石窟保护和壁画修复，蓟县独乐寺维修工程，三峡工程文物保护规划研究与实施等，特别是近年来，在大型遗址保护中进一步探索将考古、规划、环境、地质、化学、物理等多种科学和技术综合运用，取得了重要成果。中国古迹遗址保护协会研究制定的《中国文物古迹保护准则》，标志着中国文化遗产保护理念开始走向成熟。

④ 博物馆注重引进和合理运用现代科学技术。博物馆建设与各项业务活动的科技含量不断增加，有效提升了藏品保护、陈列展示、信息传播和社会服务的整体水平。“九五”以来新建的上海博物馆、中国科技馆、南京博物院艺术陈列馆等，设施先进，管理科学，功能完善，成果丰硕，备受社会关注。今年“5·18”国际博物馆日，在中国农业博物馆举办的博物馆技术与相关产品博览会，就是一次很好的检阅。

⑤ 科技手段在文物安全防范工作中发挥了重要作用。博物馆、文物保护单位利用科学技术加强防范工作，收到了明显的效果。1994年以来，秦始皇兵马俑博物馆、沈阳故宫博物院等30多个单位，借助技术防范设施，抓获了盗窃犯罪分子，保护了珍贵文物。

⑥ 信息化建设初见成效。各地文物博物馆单位的数字化、信息化工作相继开展，藏品信息管理系统逐步得到使用，国家科技专项“中国珍贵文物数据库”顺利完成，文物调查及数据库管理系统建设项目的试点目标基本实现，一批文物博物馆网站先后开通，中国文化遗产展示中心（中国数字博物馆）立项工作业已启动。

（4）文物保护科技体系不断完善。随着国家科技体制改革的不断深入，文物保护科技体制改革也已启动。中国文物研究所作为文化体制改革试点单位，已初步完成改革，正在向文物保护科技发展的中心平台迈进。各有关科研机构、高等院校正在形成一批区域性、专题性的科技中心，有效地发挥着科技支撑和辐射、带动作用。以国家力量为主导、社会各界积极参与的文物保护科技发展新格局正在形成。

（5）国际合作交流加强，范围进一步拓展。迄今为止，我国已经与联合国教科文组织以及欧美、日本、柬埔寨等30余个国家和地区开展了文物保护科技合作。通过交流，不仅利用国际科技资源推动了我国文物保护科技的进步，也向世界展示了我国的文物保护科技成就，扩大了国际影响。

德黑兰市传统艺术研究所

回顾新中国成立以来，特别是最近十年来的文物保护科技工作，我们有以下五点体会：一是落实科教兴国战略，贯彻文物工作方针，是推动文物保护科技健康发展的前提；二是坚持现代科技与传统技艺相结合，重视和组织多学科联合攻关，是文物保护科技取得重要成果的动力；三是加强科技基础条件建设和人才培养，加大科技投入，是文物保护科技获得较快进步的基础；四是实施制度创新，形成“开发、竞争、流动、协调”的运行机制，是优化发展环境、提高创新能力的根本保障；五是积极开展国际合作，是文物保护科技实现跨越式发展的有效途径。

二、提高认识，进一步重视科技工作

我国文物保护科技工作虽然取得了一些令人振奋的成绩，但是面对当代科技发展和文物保护领域出现的新趋势，与世界上一些发达国家相比，与国内其他行业的发展水平相比，还有差距，主要表现在以下几个方面。

一是科技意识普遍淡薄，科技进步相对缓慢。在文物的调查、发掘、保护、研究、展示和传播中，存在忽视科学技术合理运用的倾向；一些实用技术仅停留在一般性应用层面，缺少创新和发展；高技术的引进和利用更是滞后，文物保护科技的发展已经远远不能适应文物事业的需求。

二是基础研究不足，发展战略研究不够，规划工作滞后。考古学理论方法与文化遗产保护基础理论研究相对滞后，相关学科建设推进缓慢。基础性研究、理论性课题的申报、立项严重不足；在配合、参与国家重大项目方面，缺乏全局性、主动性和竞争意识。长期以来，对文物保护科技的理解比较狭窄，缺乏战略意识和规划意识，难以确定重点领域、优先主题和凝练重大专项。

三是科研基础条件薄弱，专业人才匮乏。科技研发、推广的机构总量不足，全国仅有十多个成规模的文物保护科研实验室，而且存在布局不尽合理、技术力量分散、先进设备缺乏、资源利用率低、管理机制落后等问题。科技队伍薄弱，从业人员素质不高。学术带头和高层次、高水平的研究人员特别匮乏。

四是应用技术的研发与推广明显滞后。文物保护技术主要是应用技术，用以解决实际问题。目前困扰文物调查、发掘、维修、展示、管理的许多关键问题，仍未能找到合理的解决方法。而已有的有限成果由于诸多原因，得不到有效推广利用。例如漆木器的脱水保护技术基本成熟，可以推广运用，但是实际上，有的单位大量漆木器浸泡在水中已达50年之久。

五是文物保护科技投入不足。国家财政用于文物保护科研的专项经费近几年虽然有了较大幅度的增长，但是各地明显滞后，目前只有两个省设立了科研专项经费。相对于文物保护科研的需求，特别是可持续发展的需求，仍有较大差距。

上述差距反映了文物保护科技方面的一些深层次问题。

一是适应市场经济和科技发展规律的科技体制还没有完全建立起来。体制、机制等方面还存在阻碍文物保护科技发展的因素，制约了文物保护科技的进步，影响了文物事业的发展。

二是从事高水平创新工作的理念尚未树立，整体创新能力还不够强。尤其是具有原创性成果不多，关键技术创新成果不多，重大的集成技术成果不多，能够实现产业化、规模化的成果更少。在推动学科交叉、更新与结构调整，整合各研究机构的内外优势，选择重点创新领域、创新方向和组织实施重大创新项目等方面，还有待于进一步加强。

三是科技管理滞后。绝大部分省、自治区、直辖市没有专门的科技管理职能部门，甚至没有专人负责。科技标准和评价体系不健全，重复立项、不按时结项或草率结项等现象时有发生。激励、奖励机制尚待完善。

四是在人才的队伍结构、有序流动、组织优化机制等方面，亟待进一步完善。优秀的创新型人才、管理型人才和基础型科研人员，都需要进一步加大引进、培养和组织的力度，特别是要努力完善梯队建设，锻炼和培养学术带头人。

五是对科技工作重要性认识严重不足，我们认为这是最重要的一点。关于“科学技术是第一生产力”的科学论断，在文物保护行业仍然存在着认识上的较大差距。

当今世界，科学技术的发展突飞猛进，科技进步成为增强综合国力的决定因素。我国进入新世纪的第一个五年计划，国家将促进科技进步和创新，作为国民经济和社会发展的重要任务，摆到突出的战略位置。文物保护事业必须顺应时代要求，紧紧依靠科技进步，充分利用科学技术获取前进的动力。

从历史上看，人们对知识、科技的认识经历了一个逐步深化的过程。从 16 世纪培根“知识就是力量”的论断，到 19 世纪马克思关于“科学技术是生产力”的思想，再到 1988 年邓小平关于“科学技术是第一生产力”的理论以及联合国 1996 年提出的“知识经济”概念，表明人类对科学技术重要性的认识达到了一个前所未有的高度。凡是善于运用第一生产力的行业、部门，发展得就好一些、快一些，凡是不注重运用第一生产力的行业、部门，发展得就差一些、慢一些。例如新闻出版业借助激光照排新技术加速了信息与知识传播，并形成了庞大的产业；广播电视部门依靠卫星通信这一现代科技手段，在两年时间内就实现了广播电视村村通；图书馆引进信息技术，解放了人工查询等烦琐工作的束缚，引发了数字图书馆的构建；文物博物馆单位配备安全防范系统，提高了文物安全管理效能；水下考古、航空考古、沙漠考古等扩展了文物工作的领域，都是借鉴和运用相关科学技术的结果。

科技进步与创新是文物事业发展的必由之路。新技术革命与经济全球化，给我国的科技进步带来全新的机遇与挑战，也为文物保护提供了更为广泛的科技支持。我们一定要以长远的眼光，从实现中华民族伟大复兴的高度，深刻认识科学技术对文物保护事业的巨大促进作用。一方面要加强科学思想的培养，树立科学的发展观。通过努力学习，增强科学意识，形成科学的精神、科学的理念和科学的态度，运用科学方法促进科学技术同文物保护更加广泛、深入地结合，推动文物保护的科技进步与创新，最终促进文物保护工作的开展。另一方面，在技术层面上，要更加注重开发和运用现代科学技术，提高工作的科技含量。

三、明确指导思想与目标任务，推进科技进步，建立和完善文物保护的科技支撑体系

科学发展观是准确把握世界发展趋势，总结改革开放二十多年的经验，与时俱进，对现代化建设指导思想的新发展。贯彻科学发展观，积极应对文物保护科技工作面临的机遇与挑战，以科技创新和科技进步全面促进文物事业的发展，是时代对文物保护科技工作的迫切要求。

今后一个时期文物保护科技工作的指导思想是：牢固树立科学发展观，贯彻文物工作方针和科技工作方针，实现理论创新、体制创新和科技创新，以科技进步支撑文物保护事业的发展，为全面建设小康社会服务。

今后一个时期文物保护科技工作的总体目标是：遵循国家科技发展和文物保护的总体思路，明确文物保护科技主攻方向，以解决重大战略性和瓶颈问题为突破口，跟踪现代科技发展前沿，加大实用技术的研发和推广力度，优化科研力量布局，构筑行业创新体系，开创文物保护的新局面。

今后一个时期文物保护科技工作的主要任务有以下几点。

（一）运用高新技术开展文物科学调查，全面掌握文物资源状况

在建立科学规范的文物调查评估登记体系的前提下，进行文物资源的科学调查，全面、系统地掌握资源总体状况，为文物保护奠定科学有据的工作基础。采用空间探测、水下考古调查等高新技术手段，拓展文物调查范围，提高调查效率。推进碳十四、热释光等现代分析检测技术的应用，加强文物测年和真伪鉴别技术的研究。利用信息技术，深入开展科学化、规范化的文物建档登记工作。目前，正在开展的全国重点文物保护单位的“四有”档案建设工作和国家一级文物藏品档案的建档工作，都运用了信息技术，旨在建立科学、规范的档案。这是我们系统掌握文物总体资源的两项重要基础工作。

（二）开展重大文化遗产地的综合保护研究，提高遗产地的整体保护水平

对于面临盗掘破坏和城镇化建设的影响，反映中华文明起源与鼎盛时期的重要文化遗产地，特别是世界文化遗产地和省级以上文物保护单位，要抓紧开展保护理念与途径、综合保护规划等基础研究，实施综合保护示范项目，为实现整体性抢救保护提供有效对策。与建设部门相比，我们在世界文化遗产地和省级以上文物保护单位的保护规划编制和审批工作上，还比较落后，在这方面迫切需要进一步加强。要针对文化遗产地监测及安全预警等突出问题，以安全体系建设为切入点，实施动态管理与监测系统工程，提高预防风险能力和安全防范能力。

（三）加强文物保存与修复的基础研究，实施关键技术攻关

开展科学保存修复理论研究。通过现代尖端无损微损分析技术、材料科学和环境科学的应用研究，解决文物保存与修复中的关键技术问题。在重大文物保护项目的实施中，运用文物科技基础研究的新成果，积极应用高新技术，改进适用的传统技术，加强文物保护的原创技术和集成技术攻关。在古建筑的木材保护、石质文物防风化、大型饱水漆木器保护、纺织品的保护、金属特别是铁质文物保护、土遗址保护、壁画岩画保护、博物馆藏品保存环境控制、考古发掘现场出土文物的提取保护和实验室保护等方面，力求取得重大突破，形成一批具有广泛推广价值的共性技术。

（四）利用信息技术和现代传播技术，发展博物馆文化，增强国民对文化遗产价值的认知

充分运用信息技术和现代传播技术，拓展博物馆现代化建设理念，提高文物展示和传播水平，推动博物馆工作贴近实际、贴近生活、贴近群众。发挥博物馆的文物保护、研究和社会教育作用，强化博物馆在构建学习型社会和消除信息鸿沟方面的重要地位。为使博物馆文化得到进一步延伸，在文物信息资源数字化的基础上，开展文物虚拟现实技术研究，实施中国文化遗产展示中心项目。明天开幕的“历史文化遗产保护科学和技术成果展”，就有虚拟现实技术应用于文物展示的初步成果。

（五）构筑文物保护科技基础条件平台，营造文物保护科技发展良好环境

按照《2004—2010 年国家科技基础条件平台建设纲要》，初步建成适应文物保护科技创新和事业发展的科技基础条件支撑环境；形成以共享机制为核心的管理体制，与平台建设和发展相适应的科研机构体系。整合以中国文物研究所为代表的国家文物保护科研机构、地方文物科研单位和有关高等院校的科研基础资源，建设一批行业重点科研基地；加强文物保护科技信息服务能力，建立文物保护科技数据资源库、文献库，为广大文物保护科研人员提供更加开放、高度共享的科技资源。

（六）完善行业标准体系

通过开展技术标准研究和标准化工作，不断完善文物保护标准体系，实现文物保护、研究、利用和管理等方面的质量与安全的技术控制。目前这方面的进展比较缓慢，能够成为国家标准的还没有。我们一定要下定决心，加快行业标准体系的建设步伐。争取在明年年初，依托中国文物研究所及有关科研机构，完成文物保护行业专业标准化委员会的组建，启动基础标准、通用标准、专业标准的制定工作。遵循稳步发展、分步实施、急用先行的原则，首先开展涉及不可移动文物、可移动文物、文物调查与考古发掘、博物馆、信息化等五个方面的一批相关标准制定工作。国家文物局一再强调，要依靠全国的科研力量，依靠高等院校、科研院所已有的科研力量，搭建研究和制定文物行业技术标准的平台，在各个方面同步开展相关工作。

（七）促进科技成果转化应用

科技成果推广应用是文物保护科技工作的关键环节。要进一步完善科技成果的评价办法，逐步建立科技成果的准入制度。要把宣传推广工作和成果的鉴定、结项、评奖结合起来，开展有关成果评价的学术研讨活动，通报重要成果的有关情况，促进科研成果的宣传推广。大力发展科技中介服务机构，加快促进科技成果应用的产业化步伐。以明年召开的国际古迹遗址理事会第 15 届大会为契机，加大《中国文物古迹保护准则》等成果的宣传和推广应用力度。要在现有成果基础上，以漆木器脱水保护为突破，充分发挥国家和地方两个积极性，先试点、后推广，先局部、后整体，探索有利于科技成果推广应用的模式。

在明确上述主要任务的基础上，当前需要抓紧做好以下几项重点工作。

一是规划编制工作。制定国家中长期科技发展规划，是根据世界科技发展新趋势和我国全面建设小康社会的迫切要求，作出的一项重大战略决策。按照国家中长期科技发展规划工作的总体部署，在前期开展历史文化遗产保护领域中长期科学和技术发展战略研究的基础上，要进一步总结和提炼，完成历史文化遗产领域科学和技术中长期发展规划纲要的编制，同时要开展文物保护科技发展“十一五”规划编制工作。国家文物局已委托中国文物研究所牵头，联合有关地方及科研机构，共同开展这项工作，希望大家给予大力支持和协助。本次会议印发了规划纲要草案，期望各位专家、代表以求真务实的态度，提出建设性意见。各地文物行政部门也要按照《文物保护法实施条例》的规定，尽快制定区域文物保护科技发展“十一五”规划。

二是凝练重大专项。重大科技专项以解决文物保护的战略性和瓶颈问题为目标，具有局部带动整体的作用。凝练重大科技专项，既是前期战略研究工作的深入和细化，又是规划纲要编制的重要基础，也是国家制订科技计划和国家文物局组织实施的重要依据。各地文物部门和有关单位，要在已实施的科研项目、已取得的科技成果基础上，突出重点，总结经验，抓好做好重大科技专项的立项研究。目前我们面临的诸多难题，例如应县木塔的保护、大运河遗迹的保护以及有机质地、铁质文物的保护等，都涉及很多重大科学问题和关键技术，需要组织多学科力量开展研究。要先做好项目的选题、方案的顶层设计和队伍组织。

三是抓紧重点科技任务的落实。目前，一些重大专项和课题的实施已经进入攻关阶段，例如正在开展的“文物保护技术与中华文明探源预研究”“湖南简牍保护”“馆藏文物腐蚀损失调查”“文物调查及数据库建设试点”等重点项目以及即将开展的“中华文明探源工程”，有关单位和地方要本着高度负责的精神，对部署的各项工作一抓到底，真正抓出成效。此外，各地文物部门要继续加大对文物保护科技专项和课题的管理力度，做好协调、监督和检查工作。

四、坚持创新，加强保障

（一）树立创新意识，开展创新实践

科技的本质就是不断探索，不断创新。事业要发展，就必须坚持和实践理论创新、体制创新、科技创新。

（1）理论创新，我们认为包括两个层次。一是指导思想的创新。指导思想经历了日趋完善和丰富的过程，仍在实践中不断发展。文物保护科技工作的指导思想同样不是教条，只有与时俱进，才能富有针对性和活力。二是文物保护科技自身的理论创新。作为文物保护科技工作者，更应注重从战略的高度理解理论创新的意义，引导和鼓励文物保护理论的创新。特别要敏锐把握学科前沿和行业需求，不断拓宽研究领域。从某种意义上说，学科的前沿也就是时代的前沿，现实的前沿。一定要以科学发展观为指导，直面国内外形势发展的

新趋势和新问题，作出科学的理论回应。

（2）体制创新。目前，文物保护科技体制改革处在起步阶段，需进一步解放思想，加快体制创新步伐，建立起充满活力的文物保护科技体制。这个体制，应该是促进文物事业发展的体制，是具有科学决策机制、良好激励机制和有效管理机制的体制，是能够促进科技资源优化配置的体制。其中最关键的是要适应文物保护事业的需求，更好地解决文物保护科技与文物事业发展脱节、资源配置不合理、效率较低、人员流失和队伍不稳定等问题，调动广大文物保护科技工作者的积极性，改善他们的待遇，使他们在文物保护科技主战场上发挥更大的作用。

（3）科技创新。科学技术是人类对客观规律的认识和把握，无论在什么领域，只要重视科技创新，事业就能进步，综合实力就会增强。科技创新是文物保护科技发展的必然要求。应突破传统观念，要与高新技术结合，要有创新意识。文物保护科技工作者是文物保护领域推进科技创新的主体，负有义不容辞的责任，要当好科技创新的表率。同时，各级领导要从文物保护科技发展的战略高度，重视科技创新工作，为本部门本地区的科技创新创造良好的条件。

（二）**完善管理，优化发展环境**

国家文物局将在调查研究的基础上采取措施，加大对科技工作的管理力度。

一是从基础抓起，加强立项的科学性。在课题管理方面，依靠专家学者、行政管理部门和科研课题承担单位，完善课题的招标、阶段检查、中期评估、随时抽查、结项验收等工作，努力实现动态跟踪和绩效管理。特别是在课题实施中，要注重课题管理的规范化、实施的程序化、研究的科学化、评价的民主化，以及在保障知识产权前提下的课题信息公开化。二是大力开展评先奖优，鼓励创新。今年，第一届文物保护科学和技术创新奖已经评出，这是国家对多年来从事文物保护科学技术工作，在文物保护科研方面有重要发明创造或者其他重要贡献的单位和个人的表彰奖励。国家文物局将进一步完善评奖制度，继续开展评奖工作。

省级文物行政部门设有科技管理机构的，要进一步加强建设；尚未设立机构的，应做到专人负责，把科技管理工作落到实处。要切实帮助基层科技机构和人员解决实际问题。要建立包括各地和各类科技成果的科技信息及相关动态数据库，使文物保护科技项目、科研课题的申报和管理更加公开透明，成果推广更加方便易行。

（三）树立人才资源是第一资源的思想，加强队伍建设

科技发展，以人为本。要完善相关政策，把培养和造就优秀人才，调动广大科技人员创新、创业积极性作为科技工作的首要目标，逐步建立适应文物保护科技发展的层次清晰、梯队合理的人才体系。争取在未来十年到二十年，培养出若干在中国甚至在世界有影响的科技专家。

要寻求多种途径建立和完善人才培养模式。一是通过科技项目引进人才，培养人才；二是与高等院校紧密合作，争取开设更多的文物保护科技专业，通过学历教育造就人才；三是通过加强在职培训，提高文物保护从业人员的科技实践能力和研究水平；四是与国家相关科研院所以及国际知名文化遗产保护机构，建立交流互访制度，提升高层次人才的培养档次。

（四）切实加大文物保护科技的经费投入

首先要积极争取各级财政对文物保护科技工作给予经费倾斜。其次要善于多途径拓展经费来源，例如通过抓保护项目中关键技术的应用，编制好项目建议书，争取国家和地方财政的支持；在某些高新技术的开发方面，吸纳社会资金和社会研究力量；运用专利技术、成熟技术的推广，获取研究经费，实现滚动式发展。

（五）加大宣传力度，普及文物保护的科技知识

要利用各种媒体广泛开展文物保护科技知识和相关政策法规的宣传，树立文物保护科学意识，弘扬科学精神和创新精神，形成创新氛围。

一要做好各级领导的宣传，这是关键。只有各级领导从思想上树立科学保护文物的意识，才有可能重视文物的科学保护。二要做好文物保护科技人员的宣传，这是重点。只有科技人员的责任感增强，才有可能迸发出创造力，多出成果、出好成果。三要做好民众的宣传，这是基础。只有民众的文物保护科技意识提高了，科学技术的研究、应用才有不竭的源泉。

（六）充分发挥群众组织、学术团体的作用，调动各种社会力量的积极性

文物保护科技是公益型事业，除了主要依靠国家的力量外，还要充分发挥群众组织、学术团体和各种社会力量的作用，增强社会参与性。科技项目的设立、实施、验收以及管理全过程，可以邀请他们参与咨询、评议、监督，提高科学性。

在全面建设小康社会的伟大历史进程中，文物保护科技工作者肩负着光荣而神圣的历史使命。让我们团结进取，奋发努力，不断创新，力争取得更大的进步，创造出新的业绩，为文物保护的崇高事业，为国家富强、民众幸福和中华民族的伟大复兴作出应有的贡献！

在中国文物研究所建所 70 周年纪念大会上的讲话

（2005 年 12 月 8 日）

今天，中国文物研究所隆重举行了建所 70 周年纪念大会。

70 年来，中国文物研究所坚持贯彻落实国家文物工作方针政策，遵循文物保护的基本规律，抢救和保护了大批珍贵的文物及文物研究资料，成绩卓著、硕果累累，造就了一批享誉中外的文物保护专家，为我国的文物保护事业作出了杰出贡献。中国文物研究所 70 年的发展历史是中国文物保护科学技术发展的历史，也是中国文物保护科技事业崛起的历史。

近年来，中国文物研究所承担了一些影响较大的工程与项目，例如援助柬埔寨吴哥窟古迹保护工程、中意合作培训项目、全国重点文物保护单位记录档案备案项目、全国馆藏文物腐蚀损失调查项目，这些重大工程项目的成功实施得到了国家领导和有关部门的充分肯定，受到了相关国家政府的称赞，显示了中国文物研究所作为国家级文物保护科研机构的实力。

2004 年，中国文物研究所实施了文化体制改革，更加呈现出强劲的发展态势。为提高科技创新能力，中国文物研究所以国家文化遗产保护事业发展需求为导向，以重大专项、重点课题为突破口，搭建文化遗产保护科研平台，整合全国的文化遗产保护领域力量，优化社会资源配置，集中优势、联合攻关，实现集成创新。目前，中国文物研究所已经发挥文物保护领域的科研平台作用，组织和管理着一大批重大项目的实施。

时代在前进，科技在发展，文物保护技术也要与时俱进。文物保护是一门科学性和技术性很强的学问，我们强调高新技术，也重视传统工艺。中国大部分传统工艺本身就是优秀的无形文化遗产，一定要加大保护力度。现代社会，随着工业进程的加速，部分传统工艺、技术、材料濒临失传的危险，因此，保护传统工艺迫在眉睫。我们有责任也有义务来做好这项工作，既要研究传统科技，运用传统技术，还要发展传统科技。在扬弃传统工艺、技术、材料的基础上，吸收现代科学技术发展的最新成果，来解决文物保护方面的疑难问题，实现文化遗产永久保存、永续利用的目的。如何在文物保护工作中把传统工艺和现代科技有机地统一起来，这是一个十分重要的课题，也是今后文物保护工作者的一个努力方向。意大利、韩国、日本等许多国家在这方面作出了很大的成绩，值得我们借鉴。

中国文物研究所作为国家级文物保护科研机构，肩负着引领我国文物保护科技方向的重要历史使命，应该在我国文物保护领域发挥先导和引领作用。一是加强与国内文物保护科研机构和高等院校的科研合作，实现优势互补，提高文物保护、利用和管理的现代化水平。加大科技成果推广转化力度，提高成果利用率，更好地发挥国家级科研平台作用。二是把专业研究与人才培养结合起来，培养一批有真才实学、甘愿献身文物保护事业的专业人才，保证文物事业的发展后继有人。三是进一步扩大文化遗产保护领域科学技术的国际交流与合作，积极追踪国际相关科研动态，有针对性地引进国外先进管理经验和技术，推动我国文化遗产保护科技水平整体发展。

随着经济社会的发展，人们对精神文化的需求越来越高，文物保护事业在社会生活中的作用越来越显著，这就给文物保护事业带来前所未有的发展机遇，同时也提出了新的挑战。全国的文物工作者都应明确文物保护事业发展的战略构想，锁定发展目标，全面提升我国文物保护工作的整体科学技术水平，促进文物保护事业持续、快速、健康、全面发展。

展望未来，我国的文物保护事业任重而道远，中国文物研究所的任务依然艰巨。今年正值国家实施科技发展战略和制定“十一五”发展规划的重要历史时期，中国文物研究所一定要抓住这个历史机遇，继续深化改革，开拓创新，紧紧围绕国家文物保护事业的战略部署，坚持科研立所，科技强所，立足国内，面向社会，面向世界，开拓进取，将中国文物研究所建成国际水平的文物保护科研机构！

关于成立中国文化遗产保护研究院的提案[①]

（2006 年 3 月）

《国务院关于加强文化遗产保护的通知》（国发〔2005〕42 号）指出：“文化遗产是不可再生的珍贵资源。加强文化遗产保护，是建设社会主义先进文化，贯彻落实科学发展观和构建和谐社会的必然要求。”“要从对国家和历史负责的高度，从维护国家文化安全的高度，充分认识保护文化遗产的重要性，进一步增强责任感和使命感，切实做好文化遗产保护工作。”按照关于文化体制改革的精神和中央的部署，2003 年以来，在中央文化体制改革试点领导小组的统一领导下，全国文化系统 36 家单位开始了文化体制改革试点，中国文物研究所作为全国文物系统中唯一的科研单位参加了改革试点。2004 年，中央文化体制改革试点领导小组正式批复《中国文物研究所体制改革方案》，同意在现中国文物研究所基础上，建立“中国文化遗产保护研究院”。其目标定位是：根据文化遗产保护的规律和特点，整合现有文化遗产保护科技资源，调整布局结构，搭建科技创新平台；集中国家财力、物力和人力资源，重点突破和解决我国文化遗产保护中的重大热点、难点和瓶颈问题；加大基础研究、

① 此文为在全国政协十届四次会议上的提案，联名提案人：姚珠珠 李延声 李羚龙瑞 罗天婵 赵青 莫德格玛 吴江 王铁成 袁熙坤 张文彬 夏燕月 安家瑶 樊锦诗 苏士澍 周天游 陈漱渝 盖山林 李双江 鲍国安 白淑湘 王馥荔 叶惠贤 董良翚 吴雁泽 李谷一 徐庆平 赵喜明 谭利华 胡芝风 阿拉泰 张贤亮 王兴东 盛中国 魏明伦 张平 李致忠 王铁城 赵汝蘅 陈燮阳

应用研究和软科学研究的力度和深度，为国家文化遗产保护提供强有力的科技支撑；积极参与世界范围内的文化遗产保护项目，发挥我国在国际文化遗产保护领域中的重要作用。

按照中共中央国务院《关于实施科技规划纲要增强自主创新能力的决定》和《关于深化文化体制改革的若干意见》精神，今后特别是“十一五”期间我国将把增强自主创新能力作为发展科学技术的战略基点，把大力发展社会主义市场经济、社会主义民主政治和社会主义先进文化，深化科技体制和文化体制改革，建设创新型国家和和谐社会作为重要战略任务。文化遗产作为珍贵的文化资源和人类的共同财富，作为建设创新型国家和社会主义先进文化建设的重要内容，作为民族、国家发展的重要战略资源，运用现代科学技术加以科学研究和保护利用，任务将十分艰巨，意义也十分重大。

目前，我国有 31 处文化与自然遗产被列入《世界遗产名录》，已公布历史文化名城 103 座，历史文化名镇（村）80 处，全国重点文物保护单位 1 271 处；现有不可移动文物点近 40 万处，博物馆文物藏品 1 200 余万件，而且随着文化遗产调查和考古发掘工作的开展，数量仍在继续增加。改革开放以来，随着我国经济社会的快速发展，我国文化遗产保护事业取得长足进步，同时也面临众多挑战。文物盗掘、盗窃和走私犯罪活动，大规模基本建设和城镇化进程、旅游中的不当开发和过度利用、环境污染等等，使许多重要的文化遗产频频告急，文化遗产本体及其历史环境遭受破坏，甚至濒临灭失，大量文化遗产亟待抢救保护。

与国外文化遗产大国相比，我国文化遗产保护科学技术起步较晚，在许多方面还存在着瓶颈。已有的文化遗产保护研究机构存在着方向单一，力量薄弱；研究内容、实验设备重复建设；人员结构参差不齐；解决关键技术、重大问题的能力不强等诸多问题。尤其在高精尖学科带头人的培养方面，在诸如中华文明探源、中国古代发明创造等重大课题研究方面，在大遗址和历史文化名城保护方面，由于缺乏领军人物和权威科学研究机构，往往不尽如人意，与我国悠久的历史和文化遗产大国的地位不相称，有些方面甚至受制于人。据了解，美国、德国、法国、意大利、日本、韩国等许多文化遗产大国都建有专门的国家级文化遗产保护科学研究机构，意大利罗马文物修复研究中心有 400 余人，苏格兰保护修复社有 400 多人，法国国家遗产研究和修复中心也有近 200 人，许多国家还有多个文化遗产保护科学研究机构。

美国洛杉矶盖蒂保护所

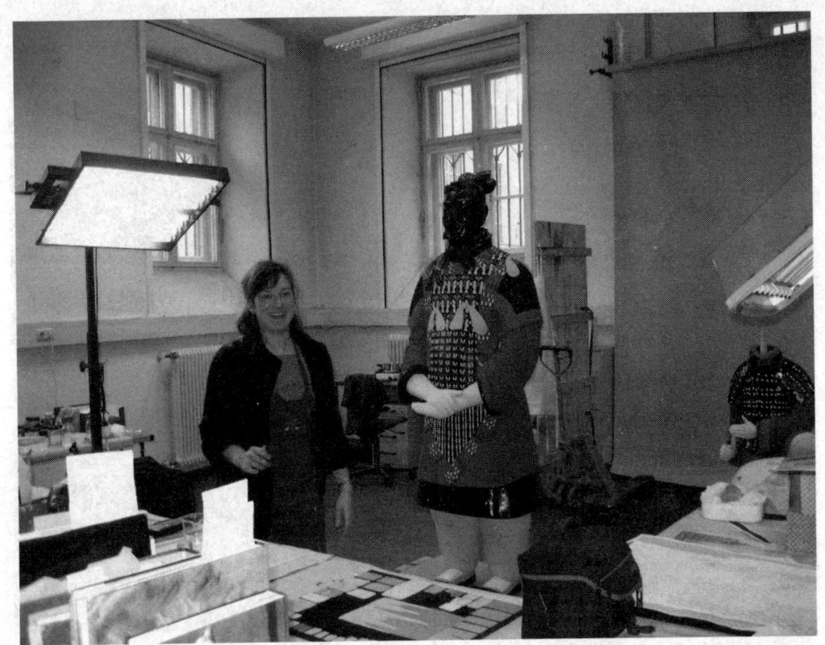

德国慕尼黑巴伐利亚州文物局

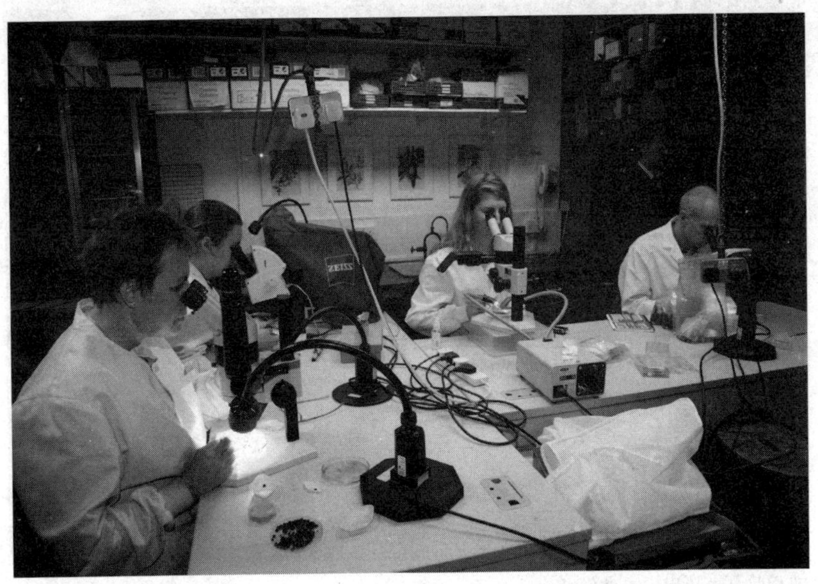

英国伦敦大学考古学院实验室

克罗地亚文物修复局现场考察

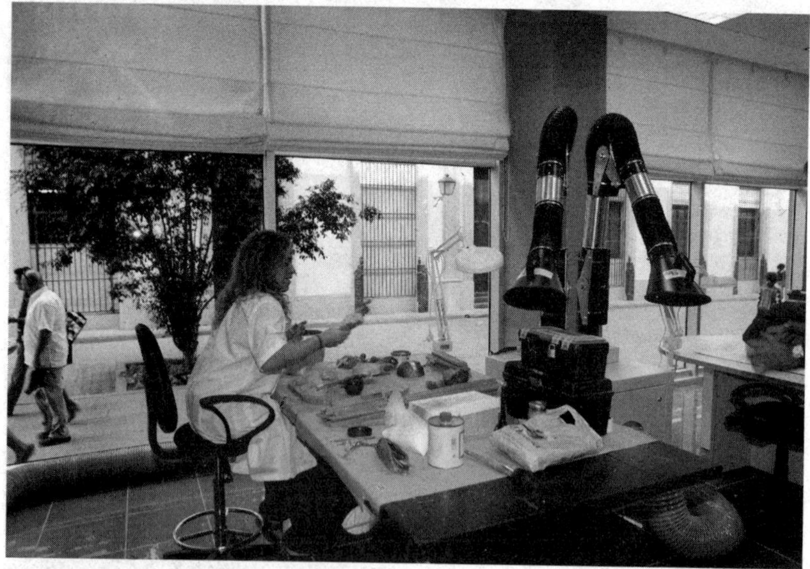

古巴哈瓦那历史学家办公室

从世界和我国社会经济发展的趋势看，文化遗产的保护利用越来越受到各国政府和人民的重视，建立“文化遗产科学院”，大力发展文化遗产保护科学技术，广泛培养这方面的专门人才已成为世界各国的共识。中国文物研究所作为国家文物局直属的科研单位，经过70年的不断发展，已拥有一批从事文化遗产保护科学研究的高级专业人员和队伍，专业方向涉及文化遗产保护理论、出土文献、考古、古建及古迹保护规划、文物科技保护、文物分析检测、文物保护修复培训等文化遗产保护科学技术的主要方面；拥有承担全国文化遗产保护重点项目的基础和价值近3亿元的分析检测仪器设备、文化遗产档案和其他科研文献资料，已基本具备了中国文化遗产保护研究院的雏形。以中国文物研究所为基础，整合全国相关科研机构，组建综合性、系统性、高层次的中国文化遗产保护研究院，时机已经成熟，条件已经具备。

组建人文社会科学、工程技术科学、自然科学交叉融合，应用研究、基础研究、软科学研究交互展开的中国文化遗产保护研究院，不仅对加强自主创新能力、建设创新型国家具有重要意义，而且有利于推动我国文化遗产保护事业的可持续发展，有利于加强我国文化遗产保护队伍和科技基础条件平台的建设，有利于充分发挥我国文化遗产资源在构建和谐社会的积极作用，有利于实现由文化遗产保护大国向文化遗产保护强国的跨越发展。

关于加强文化遗产保护科技机构建设的提案[①]

（2007 年 3 月）

党中央、国务院《关于实施科技规划纲要增强自主创新能力的决定》，确定了“增强自主创新能力，建设创新型国家”的重要战略任务。国务院《关于加强文化遗产保护的通知》指出：“加强文化遗产保护管理机构和专业队伍建设，大力培养文化遗产保护和管理所需的各类专门人才。加强文化遗产保护科技的研究、运用和推广工作，努力提高文化遗产保护工作水平。”

目前，我国有 31 处文化与自然遗产被列入世界遗产名录，已公布历史文化名城 103 座，历史文化名镇（村）22 处，全国重点文物保护单位 2 351 处；现有不可移动文物点近 40 万处，博物馆文物藏品近 2 000 万件（组），而且随着文化遗产调查和考古发掘工作的开展，数量仍在继续增加。改革开放以来，随着我国经济社会的快速发展，我国文化遗产保护事业取得长足进步，同时也面临众多挑战。文物盗掘、盗窃和走私犯罪活动，大规模基本建设和城市化加速进程、旅游中的不当开发和过度利用、环境污染等等，使许多重要的文化遗产频频告急，文化遗产本体及其历史环境遭受破坏，

① 此文为在全国政协十届五次会议上的提案，联名提案人：樊锦诗　安家瑶　陈漱渝　刘庆柱　杨力舟　夏燕月　赵汝蘅　艾青春　董良翚　克里木　李延声　舒乙　冯骥才　靳尚谊　徐庆平　李燕　张平　王兴东　杨一奔　杨匡满　陈祥福　李谷一　潘震宙　敖德木勒　叶惠贤　阿拉泰　李致忠　王铁城　陈晓光　翟泰丰　谢广祥　张贤亮　王洪华　魏明伦　汪毅夫　贺捷生　于友先　赵宝江　漆林　麻建国　李羚

甚至濒临灭失，大量文化遗产亟待抢救保护。

由“古物”到“文物”再到“文化遗产”，不是简单的保护对象名词用语的改变，是保护对象内涵与外延的发展，同时，也是保护方法与理念的进步。全国重点文物保护单位数量的大幅度增加、在新农村建设中加强文化遗产保护的逐步落实、工业遗产保护的快速升温、文化景观和线性文化遗产保护的备受瞩目、非物质文化遗产保护受到前所未有的重视，等等，均加快推进我国从文化遗产大国向文化遗产保护强国的转变。在文化遗产保护事业的战略转型期，也给文化遗产保护科技工作提出了更高、更新、更实的要求。

为了及时应对文化遗产保护事业的战略转型，充分发挥科学技术在文化遗产的保护、抢救、利用和管理等各个环节中的支撑和引领作用，国家文物局研究制定了《文化遗产保护科学和技术发展“十一五”规划》，重点部署了“文化遗产资源科技调查和评估”“关键技术攻关”“传统工艺抢救保护与科学化”“科技成果推广应用”“科技人才队伍建设”“行业标准体系建设”等6项科技计划；“指南针计划——中国古代发明创造的价值挖掘与展示”“数字京杭大运河”“中华文明探源综合研究”“重大文化遗产地及大遗址综合保护研究与科技示范”“文物保存环境综合研究”等5大重点科技专项；并将积极构建“文化遗产保护科技基础条件平台”。这些重点工作的组织实施，迫切需要进一步强化文化遗产保护科技管理、规划、标准等方面的相关工作。

但是长期以来，文化遗产保护科技管理机构建设和研究机构的建设相对滞后。目前，国家文物局负责全行业的科技、信息化和标准化工作的仅有1个处，而编制只有3个人，与其他一些国家局负责同样工作的机构编制数量差之甚远；同时，地方文物行政部门没有专门的科技管理机构，无法满足行业科技管理工作的需要。在研究机构方面,已有的文化遗产保护研究机构要么方向单一,力量薄弱，要么实验设备短缺、人员结构参差不齐，引领和统领全国文化遗产保护科学技术的能力，以及解决国家文化遗产保护关键技术、重大问题的能力不强，与我国悠久的历史和文化遗产大国的地位不相适应。据了解，美国、德国、法国、意大利、日本、韩国等许多文化遗产保护先进国家都建有专门的国家级文化遗产保护科学研究机构，意大利罗马文物修复研究中心有 400 余人；苏格兰保护修复社也有 400 多人；法国国家遗产研究和修复中心有近 200 人，许多国家还有多个文化遗产保护研究机构。

为充分发挥科技在文化遗产保护中的支撑和引领作用，促进文化遗产保护水平的整体提高，建议中央机构编制部门在以下方面给予关注和支持：

（1）批准国家文物行政部门中设立科技发展司，增加部分人员编制，各省级机构编制部门亦应考虑在省级文物行政部门中增设科技管理部门，增加科技管理干部编制，有效组织和管理行业文化遗产保护科技工作。

（2）组建人文社会科学、工程技术科学、自然科学交叉融合，应用研究、基础研究、软科学研究交互展开的中国文化遗产研究院，推动文化遗产保护学科体系建设和人才培养。

在文化遗产保护领域国家科技支撑计划课题启动实施大会上的讲话

（2007 年 4 月 23 日）

近年来，在国务院领导的高度重视和科技部的大力支持下，文化遗产保护科技工作进入了快速发展期。不久前，科技部徐冠华部长专门听取了文化遗产保护科技研究的汇报，并计划在国家科技支撑计划的基础上，进一步加大对文化遗产保护领域的支持力度，设立《中华文化遗产保护技术研究与开发》国家科技重点专项，全面提高文化遗产保护领域的可持续创新能力。为扎实推进文化遗产保护领域国家科技支撑计划项目的各项工作，确保各项目（课题）的顺利开展和有效完成，今天我们在这里隆重召开"文化遗产保护领域国家科技支撑计划课题启动实施大会"，动员和部署项目（课题）的启动实施工作。下面，我谈几点意见：

一、文化遗产保护科技是国家科技计划的重要组成部分

我国是人类社会发展历程中唯一文明不曾中断的国家，给我们留下了大量弥足珍贵的文化遗产。保护这些文化遗产，是我们不可推卸的重大责任和伟大使命，更是传承中华民族优秀传统文化、弘扬爱国主义精神的必然要求。应当看到，文化遗产在时间和空间上不是凝固不变的，而是一个博大的系统、一个发展的概念、一个开放的体系、一个永恒的话题。文化遗产保护科技涉及人文社会科学、

自然科学以及工程技术科学等一切与文化遗产保护相关的科学领域。近半个世纪以来，随着现代科学技术的高速发展，文化遗产保护的新理念、新方法与新手段不断涌现。

新中国成立以来，我国文化遗产保护科技工作不断进步，取得了丰硕的成果，促进了我国文化遗产保护水平的提高。特别是在“九五”“十五”期间，文化遗产保护领域的科技发展得到了国家科技计划的重视和支持，“夏商周断代工程”“文物保护技术与中华文明探源研究”等项目先后列入了国家科技攻关计划。项目的顺利完成，极大地推动了行业科技的发展，有力地提高了文物博物馆系统科技人员的自信心和科研能力。

为进一步发挥科学技术在文化遗产保护中的支撑和引领作用，促进我国文化遗产保护科技工作实现跨越式发展，去年，国家文物局根据《国家中长期科学和技术发展规划纲要（2006—2020年）》。积极开展了文化遗产保护科学和技术中长期发展战略研究工作，并在科技部的具体指导下，制定颁布了《文化遗产保护科学和技术发展“十一五”规划》，明确了“十一五”期间，行业科技发展的指导思想、基本原则和发展目标，重点部署了“6项计划、5大专项、1个平台”的主要任务。同时，针对文化遗产保护领域的重点、难点和瓶颈问题，组织开展了系列重大专项的顶层设计工作。

“十一五”开局之年，在科技部的大力支持下，国家文物局提出的“文化遗产保护关键技术研究”“大遗址保护关键技术研究与开发”“古代建筑保护技术及传统工艺科学化研究”和“中华文明探源工程（二）”等4个项目，被列入首批启动的国家科技支撑计划重点项目，项目总资助经费过亿元。这为文化遗产保护科技实现重点突破带动整体提高的战略目标提供了难得的契机，也为充分发挥科学技术对我国文化遗产保护的支撑和引领作用提供了有力的保障。

二、国家科技支撑计划项目的实施，对促进文化遗产保护整体水平的提高具有重大意义

与发达国家相比，我国文化遗产保护科技发展水平还存在一定差距；与国内其他行业相比，发展速度相对缓慢。面对我国文化遗产保护任务日趋繁重的形势，科技的支撑和引领作用尚显不足。以文化遗产保护的重大需求为导向，以文化遗产保护重点工程中的热点、难点和瓶颈问题为核心，以国家科技支撑计划项目为载体，开展跨部门、跨学科的联合攻关，在系列共性技术和关键技术方面实现重点突破，带动文化遗产保护领域的人才培养、基地建设、体制机制优化，从而增强文化遗产保护领域的持续创新能力，促进我国由文化遗产大国向文化遗产保护技术强国的跨越发展，具有重大意义。

（一）项目的实施，有利于解决文化遗产保护中的共性关键技术问题

“十一五”期间，启动实施的文化遗产保护领域国家科技支撑计划项目，涉及馆藏文物保护、大遗址保护、古代建筑保护和中华文明起源等方面亟待解决的关键技术问题。例如：“馆藏文物保存环境应用技术研究”课题的设立，就是为了解决长期以来，由于馆藏环境控制技术单一，造成的馆藏文物腐蚀损失严重的突出问题，突破馆藏文物预防性保护关键技术难题；“空间信息技术在大遗址保护中的应用研究（以京杭大运河为例）”课题，旨在着力解决国民经济建设与大遗址保护之间协调、可持续发展的重大瓶颈问题，

以空间信息技术的应用研究与示范为重点，为大遗址的研究、管理、规划、监测和展示提供技术支撑平台。科技支撑计划项目将与重大文化遗产保护工程紧密结合，通过对传统技术的整理、发掘、抢救与传承，以及对高新技术的引进、消化、吸收与创新，形成一批针对性强、关联度高、安全有效的共性关键技术，为文化遗产保护提供有力的技术保障。

（二）项目的实施，有利于加快文化遗产保护领域专业人才的培养和创新团队的建设

在课题立项的过程中，我们欣喜地看到，除了文物博物馆单位以外，众多高等院校、科研院所和高新企业积极地参与到文化遗产保护科研工作中来。据统计，本次启动的课题，吸引了系统内外 60 家机构、697 名科研人员的积极参与，其中院士 7 名、具有高级技术职称的人员 352 名，硕士、博士研究生 103 名。他们是保证项目高质量完成的中坚力量，更是以项目实施带动人才培养的有力保障。随着课题的深入开展，将有效促进社会优质科技资源与文化遗产保护领域的融合，形成若干文化遗产保护科技创新团队，也为行业重点科研基地的建设创造了有利条件，从而提高了行业的可持续创新能力。

（三）项目的实践，有利于促进文化遗产保护科技的机制创新

本次启动的支撑计划项目任务重、时间紧；参与单位多、涉及领域广，我们必须以创新的思想、创新的计划、创新的措施、创新的实践，创新的开展工作。在课题立项阶段，国家文物局按照国家科技支撑计划的要求，积极引入竞争机制，通过“公开申报、择优委托”的方式，遴选出最佳的研发团队，促进了优质科技资源的主动整合；在启动筹备阶段，国家文物局专门组织开展了《文化遗产保护领域国家科技支撑计划课题第三方机构评估咨询制度研究》，并出台了相关的管理办法，为在文化遗产保护领域实行课题的同行评议制度和第三方评估、监理制度提供了理论依据和制度保障；随着课题的启动实施和全面开展，必将带动以竞争、激励、评价和监督为核心的课题运行管理机制的发展和完善，将有力地促进文化遗产保护科技创新机制体系的建立。

三、扎实做好文化遗产保护领域国家科技支撑计划的组织实施工作

按照《国家科技支撑计划管理暂行办法》和《国家科技支撑计划专项经费管理办法》，国家文物局根据文化遗产保护工作的实际情况，制定颁布了《文化遗产保护领域国家科技支撑计划课题暂行管理办法》和《文化遗产保护领域国家科技支撑计划课题第三方机构评估咨询暂行管理办法》。以上规范性管理文件，是课题组织实施工作的重要依据，在课题实施过程中，各有关方面必须严格执行。同时，还要加强以下几个方面的工作。

（一）紧扣行业需求，突出文化遗产保护技术应用的有效性

支撑计划课题的核心是解决文化遗产保护中的共性关键技术问题，满足实际工作的紧迫需求。国家投入了大量的科研经费，不只是为了科研人员发几篇文章、出几本书，一定要把解决文化遗产保护领域的热点、难点和瓶颈问题作为首要任务。各课题承担单位要注重各课题之间的相互关联，保证课题任务与课题目标相一致，课题目标与项目目标相一致，保证项目的整体效果。在研究过程中，要注重研究的针对性和实效性，高度重视课题成果的推广转化，为尽快实现科技成果的推广应用奠定扎实的基础。国家文物局和各地文物行政部

门要营造成果推广应用的良好环境，积极给予政策保障和经费支持，保证课题成果能够尽快地为文化遗产保护重大工程服务。

（二）树立开放思想，以合力推进项目的有效实施

文化遗产保护领域支撑计划的科研团队，是由不同部门、不同行业、不同领域的科研单位、科研人员联合组成。因此，我们必须打破固有的部门界限、行业界限、单位界限和学科界限，营造良好的合作氛围，建立联合、协作、集团化攻关的机制。在课题的实施中，各级文物行政部门、文物博物馆单位，要与科技、教育、文化等部门和单位通力合作、密切配合，以实现共同目标为动力，合力推进项目的有效实施。同时，也希望各相关部门能够继续给予我们大力支持和帮助，指导和协调项目实施中出现的有关问题，确保项目的顺利进行。

（三）注重人才培养，加强文化遗产保护科技人才队伍建设

各课题承担单位和参与单位要注重人才培养，加强对具有成长性的人才队伍的支持，建立灵活有效的人才流动机制，鼓励和支持青年人才、海外留学人才等积极参与支撑计划课题的研究工作。努力培养和造就一批德才兼备、国内一流的文化遗产保护战略科学家、学术带头人和复合型专业人才，特别是要抓紧培养造就一批中青年高级专家，形成结构合理的科技人才梯队。同时，各地方也要在科技人才队伍和科研基础条件建设上加大投入力度，切实做好各项保障工作。我们希望通过项目的实施，培养一批能够承担国家重大项目、重点工程的高层次人才和创新团队。

（四）加强管理创新，以科学的组织管理方式保障项目实施

作为项目组织单位，国家文物局将严格按照项目批复要求和课题任务书，检查、督促并落实项目、课题的相关配套条件，确保项目、课题按计划执行；并计划组织开展对课题的第三方机构评估咨询，完善有效的评估和监督机制。国家文物局计划加强科技管理机构建设，设立专项管理经费，保证课题组织管理到位；同时，尝试引入现代项目管理理念，要求各课题承担单位制定项目管理手册和建立“学术秘书”制度。各地方有关部门要协助做好课题的管理和协调工作，落实好相关的配套和条件，从人、财、物等方面给予充分保障。课题承担单位和参与单位也要密切配合，相互协作，保证人力、物力的投入，合理安排进度，确保课题任务的圆满完成。

此外，我们要按照科技部的统一要求，探索建立动态调整和滚动安排的机制。根据国内外科技发展的新趋势、新突破和我国文化遗产保护的新需求，及时向科技部申请对支撑计划项目研究内容进行必要的动态调整。对支持力度不够或布局相对薄弱的领域，要做好前期准备工作，在下一步滚动项目中积极向科技部申请予以重点支持。

“十一五”文化遗产保护领域国家科技支撑计划项目的实施给我们带来了难得的机遇，也迎来了新的挑战，任重而道远。我们必须狠抓落实、开拓创新、克服困难、努力奋进，以积极务实的态度开展各项工作，保证任务的圆满完成，为实现文化遗产保护科技的跨越式发展，实现文化遗产保护水平的整体提高打下坚实的基础。

略论开展城市文化问题研究的现实意义[①]

（2007 年 5 月 5 日）

一、城市化加速进程中的城市文化问题

（一）“矛盾凸现期”遭遇“城市化急躁症”

21 世纪之初，无论对于世界，还是对于我国，都是城市化发展的转折点。这一时期，世界 50% 以上的人口居住在了城市，在全球范围城市人口首次超过了农村人口。也是这一时期，我国脱离了城市化历史进程的初级阶段，进入中级阶段。城市化具有加速性。“美国学者诺瑟姆（Ray M.Northam）1979 年提出的城镇化 S 形曲线所揭示的加速期曲线有两个拐点。第一个拐点是城镇化率从低到高，也就是城镇化加速期所形成的。如我国 1990—2000 年，城镇化率年均提高 1.4 个百分点。第二个拐点是城镇化率的变化从快到慢所形成的。当城镇化率达到 70% 以后，城镇化基本处于饱和状态。据世界银行统计，当发展中国家人均 GDP（国内生产总值）达 1 000 美元，城市化率达到 30% 时，城市化将进入快速发展期，也就是第一个拐点——从慢到快。我国目前正处于这样一个发展阶段”[①]。2003 年，我国人均 GDP 已经超过 1 000 美元，进入了走出低收入国家而向中等收入国家前进的新时期。2006 年，我国第一次在新的五年规划中

① 此文发表于《新华文摘》2007 年第 9 期，第 108 页，2007 年 5 月 5 日出版。
② 仇保兴：《中国城镇化——机遇与挑战》，44 页，北京，中国建筑工业出版社，2004。

明确提出城市化率的目标。即2010年达到47%，每年平均增长速度为0.8个百分点，“相比1995年以来的每年1.43到1.44个百分点的超高速是一个比较理性的目标速度。世界城市化一般的年均增长速度在0.3到0.5个百分点”[①]。有关学者认为，这个时期往往可以称为“黄金发展期”，同时也是一个“矛盾凸现期”。同样的发展阶段在其他发达国家往往需要30至50年，甚至更长时间。但在我国城市，这个阶段时间过程短，建设强度大，投入密度高，因此城市发展与城市文化之间的各类矛盾非常集中、异常激烈。

近些年，各地政府对城市化发展的热情空前高涨，并且一提到城市化水平，就会以城市化率作为衡量标准，甚至将城市化作为拉动经济增长的一个重要手段，存在着片面的城市化率决定论，以致出现“城市化急躁症”，追求城市化率的高速度增长，提出各种不切合实际的城市化发展目标，认为城市化到了什么程度，经济就能发展到什么程度。事实上，城市化并不是一个轻松的话题，西方发达国家城市化过程中已经出现过的种种弊病，我们应该引以为戒。从表象看，城市化主要表现为农村人口大量向城市聚集的现象，实质上城市化所带来的最主要问题，已经不完全是城市物质环境或体形空间的问题，而更多的是社会、文化的问题。城市化水平也不是一个简单的百分比数字。单从科学研究和理论架构上说，就涉及社会、文化、经济、建筑、城乡规划、能源材料和环境保护等方方面面。城市化加速进程对应城市建设的高峰时期。数以千万计的农民移居城市，人口过剩和城市短缺成为我国城市化面临的主要矛盾，由此引发城市“摊大饼”式地无限蔓延，造成对城市社会、文化生活的影响，以及对能源、生态的巨大压力。

① 周一星：《城镇化：不是越快越好》，载《光明日报》，2006-03-27（6）。

（二）"源远流长"是城市健康的持续发展之道[①]

我国城市化的浪潮与世界上其他国家一样，是经济社会发展内在规律作用的结果，它不可抗拒，也不能阻止，只能通过科学发展观进行正确引导，去其弊，扬其长，才能保证城市化进程的健康发展。从20世纪80年代起至今，我国仅用了25年的时间从沿海向内地初步形成了现代城市格局，而类似的城市化进程，在西方差不多经历了三四百年时间。如果没有对城市文化、城市建设研究过程的积累，如此暴风骤雨式的建设和发展要想不出现偏差是不大可能的。事实上，我们恰恰缺乏这种积累的过程以及过程的积累。如今，面对城市化加速进程，城市文化成为人们共同面临的重要议题。

城市文化从城市诞生之日起，经过长期历史过程，在原有基础上不断积淀和发展形成。城市文化忠实反映城市发展脉络，有着多种内涵和表现形式。一座城市能够延续和发展，越来越取决于城市文化的延续。城市不仅体现着它所具有的物质功能，而且体现着社会发展的复杂进程，包含着深刻的文化意义。城市化加速进程中如何发展城市文化？如何保护文化遗产？这一问题比以往任何时期都更加尖锐地提了出来。城市文化正处于一个前所未有的处境之中，文化遗产有迅速、大规模消亡的危机。事实上，城市化的各个因素都与城市文化有非常直接的关系，也涉及文化遗产保护的方方面面。因此，要用新的先进的城市文化理念引导城市今后的发展，不断丰富城市自身特有的文化内涵，找到属于城市自己的文化发展路径，努力创新和发展属于城市自己的城市文化。同时，城市文化也要善于研究不断变化的形势和城市化发展的趋势，及时作出正确的判断和决策。

---

① 张在元：《寻找城市战略家》，载《中国文化报》，2005-07-12。

（三）城市文化成为城市化加速进程中的核心问题

在城市化加速进程之前，不同地区的城市历史是自然地、渐进地发展的历史。城市往往具有鲜明的地域特征和发展过程的规律性，物质形态的城市建筑、自然景观等的变化也是缓慢的。同时，在城市中一些非物质形态的文化，则具有较强的生命力，它们的产生和消亡有比较自然的历史过程。城市由于不同时期功能的需要而发生着绵延式的变迁，在一般的情况下，其他文化的影响不足以改变整个文化的整体面貌，大多数地区、民族形成了独特的地域文化特征，这种文化特征鲜明地表现在城市的一切物质与非物质的文化形态上。但是全球化的浪潮将吞噬和同化许多富有地域特色的城市文化。面对历史建筑被拆、传统风貌被毁、文化环境被破坏等一系列严重事件，一方面体现了部分城市决策者和房地产开发商的无知盲动，另一方面也表现出城市文化面对城市化提出挑战的应对能力不足。这一时期，也是文化遗产保护最危险、最紧迫、最关键的历史阶段。从“以旧城为中心发展”走向“发展新区，保护旧城”；从“大拆大建式旧城改造”走向“历史城区整体保护”；从“大规模危旧房改造”走向“循序渐进，有机更新”，正确处理好城市化发展和城市文化发展的关系，对于今后我国社会保持可持续发展具有十分重要的意义。同时，城市化是世界性的潮流，我们需要研究和借鉴国际社会，特别是发达国家的经验和教训，在实践中找出城市文化发展和文化遗产保护的有效方法。

实际上“城市化”是一个具有多维特质的概念。正因为城市是一个展示着人口的、经济的、地理的、社会的以及人类诸多特征的开放、复杂的巨系统，所以对于城市化现象及发展过程的理解和考察也必然是多视野、多层次、多角度的，不能把复杂的社会文化现象简单化，仅仅着眼于个别问题，而应当从整体的角度入手，从城市文化方面系统地加以研究。城市文化属于上层建筑的范畴，它的产生、形成和发展都摆脱不了经济基础的影响。在现实中由于经济地位的悬殊，不同城市在文化上表现出很大的差异。城市化进程中的文化问题，也必然错综复杂。人是文化的创造者，也是由文化所创造。每个人从出生之日起，就受到社会文化环境影响。城市文化作为城市精神和创造力的历史凝聚与积淀，具有施加广泛影响的功能，能够让人们接受良好的道德规范及生活方式。此时，城市文化体现在诸多方面，如市民的文化意识、建成环境的文化内涵、进城农民接受城市生活方式的熏陶等。尽管实现全面小康生活的指标体系比较复杂,但是可以简单地划分为物质生活和文化生活两类指标。物质生活方面，随着经济的发展，社会的进步，以及改革开放的扩大和深入，逐步达到小康社会指标是完全可能的。但是，文化生活的指标就相对抽象、比较复杂，要真正实现难度更大。这是由于文化的差异性决定的，因为人们对文化形式的认同不同，文化生活的需求不同，文化价值的评价也不同。所以，全面实现小康目标的关键是文化生活的进步。

城市文化是人类城市化进程中的一个核心问题，即如何在大城市的繁杂格局中统一人的内部世界和外部世界，充分维护和发展城市中各个区域、各种文化、各类人群的多样性和各自特性。其实，城市化率高不等于城市化的水平高。衡量一个城市的优劣，首先要考察这个城市是不是拥有更大的综合实力，要考察这个城市能不能为市民提高生活质量，考察这个城市能不能为民众提供更多的就业机会、社会保障和发展机遇。城市不仅要在城市化加速进程中为人们身体的栖居提供物质的场所，还要为人们心灵的栖息提供精神的空间。以人为本就是要爱护人的生命、关怀人的幸福、维护人的尊严、保障人的自由。对于正处于城市化加速进程中的每一个城市来说，城市自身应该具有什么样的人文尺度和文化特色，应该是每个城市决策者在“热发展”中的“冷思考”。任何违背人的全面发展的想法、做法，都是与城市追求的终极目的相违背的。

二、文化遗产保护转型过程中的城市文化问题

（一）文化遗产保护不断呈现出新的发展轨迹

近几年，文化遗产保护领域对传统保护对象的概念认识呈现出新的发展趋势：一是在文化遗产的保护要素方面，从重视单一要素的遗产保护，向同时重视由文化要素与自然要素相互作用而形成的“混合遗产”“文化景观”保护的方向发展；二是在文化遗产的保护类型方面，从重视“静态遗产”的保护，向同时重视“动态遗产”和“活态遗产”保护的方向发展；三是在文化遗产的保护空间尺度方面，从重视文化遗产“点”“面”的保护，向同时重视“大型文化遗产”和“线性文化遗产”保护的方向发展；四是在文化遗产保护的时间尺度方面，从重视“古代文物”“近代史迹”的保护，向同时重视“20 世纪遗产”“当代遗产”的保护方向发展；五是在文化遗产的保护性质方面，从重视重要史迹及代表性建筑的保护，向同时重视反映普通民众生活方式的“民间文化遗产”“世间遗产”[①]保护的方向发展；六是在文化遗产的保护形态方面，从重视“物质要素”的文化遗产保护，向同时重视由“物质要素”与“非物质要素”结合而形成的文化遗产保护的方向发展。[①]

① 张天新，山村高淑：《从“世界遗产”走向“世间遗产”》，载《理想空间》，2006（15），12 页。

（二）“城市遗产”使城市文化更加丰富多彩

综上所述，文化遗产保护认识的不断深化推动着保护工作的实践，呈现出令人欣喜的发展轨迹。我们应注重对文化遗产保护领域各类新成员的研究。应当指出，随着新成员的加入，各类文化遗产在城市中相互交织融汇在一起，文化遗产保护也呈现出三种新的趋势：一是保护的对象呈现出由“单体”向“群体与环境”，再向“整体”方向扩展的趋势；二是保护的范围呈现出由“点”向“线与面”，再向“系统”方向扩展的趋势；三是保护的领域呈现出由“物质”向“物质与非物质”，再向“综合”方向扩展的趋势。正是文化遗产保护这一整体性、系统性、综合性的发展趋势，推动着“城市遗产”概念的逐渐形成，也使城市文化的内容更加丰富多彩。城市既是人们日常生活的家园，又是人类文明的成果和标志。因此，从某种意义上说，“城市本身就是文化遗产”。城市聚集了最集中的物质财富和文化资源，文化的创造活动也最为频繁地发生在城市中，并对周边地区产生辐射与影响。人们越来越认识到文化遗产的保护如果只停留在一个个具体的、互不联系的物质形态上，那么，在改造后的城市中，文化遗产的整体性、系统性和综合性就将被割断，一处处文化遗产就将沦为“文化孤岛”。因此，文化遗产保护应不断研究保护领域的扩展和深化。

文化遗产体系是一个发展的动态体系。在21世纪，仅仅把文化遗产狭义地当做一件物品“保留下来”是不够的，更重要的是发现、发掘、发扬文化遗产所蕴涵的历史的、科学的、艺术的价值，使文化遗产进一步融入人们生活、融入社区发展、融入城市文化，既给专业人士，但更多的是给大众以精神的、情感的、美的享受和启迪。使人们认识到，人类保护文化的多样性，保持文化遗产不被破坏，归根到底，就是保护自己。人们越来越认识到应更加注重对民间文化遗产的保护，它们过去常常被认为是普通的、一般的、大众的而不被重视。但是它们却是养育了一代又一代市民的生活文化。它们直接表达着民族的、地域的个性特征，具有广泛的认同感、亲和力、凝聚力。因此，民间文化遗产往往也最能体现人类文化的多样性。文化遗产工作者应明确地向民众宣传，文化遗产就在他们的身边，就在他们的生活里，他们将从文化遗产的保护行动中受益。文化遗产对于当代社会的可持续发展，具有多重意义，既有社会的，也有经济的；既有精神的，也有物质的。应把文化遗产的社会效益放在第一位，把保护放在第一位。在此前提下，还要主动地发挥文化遗产的多方面作用。

（三）文化遗产在城市文化中的作用日益显现

（1）文化遗产是一个博大的系统

伴随着社会价值观和文化遗产观念的演变，文化遗产的内涵和标准体系也在不断丰富，几乎涉及“与人类有关的所有领域”，对生物多样性和文化多样性的尊重也将更加突出。今天我们没有必要担心列入文化遗产保护的内容和数量太多，和居住在这个星球上人类共同的需要相比，和我们子孙后代的需求相比，在这个每日每时都在变化着的世界上,可供我们保护的文化遗产已经不是太多,相反,却是太少。我们有理由紧急行动起来，争分夺秒地为当代，更为后代把那些难得的、反映人类社会进程的文化遗产抢救下来，把更多的文化遗产列入保护之列。文化遗产保护对象和范围的不断扩大，标志着城市文化的发展趋势，其蕴藏之丰富、品种之繁多、门类之齐全，必将深刻影响城市文化的发展方向，体现出城市文化所应提倡和践行的社会道德、社会责任和社会使命，也符合国际文化城市发展的潮流[①]。

（2）文化遗产是一个开放的体系

文化遗产中所蕴涵的哲学、历史、文学、宗教、艺术、天文、地理、经济、民俗等众多学科门类的内容，需要众多的各类专家学者和民众共同参与才能得以诠释。文化遗产既是历史的，又是现实的，还是未来的，同时，文化遗产更是大众的。城市化加速进程中，越来越多的民众进入城市，更多的人开始分享城市的一切文明成果，并参与到城市文明的传承和创造中来。在这一过程中，城市中的文化遗产扮演着非常重要的角色，成为公众的共同财富。文化遗产寄托了国家、民族或文化群体的普遍感情。它们是城市文化发展的证据，是活态的城市文化的组成部分。今天应当努力扩大文化遗产保护的专业视野与职业范围，以新的观念对待文化遗产保护事业的发展，探索更积极、合理、有效的途径，为保护文化遗产提供更广泛、更强大的舆论支持和更丰富的物质保障，使文化遗产真正为社会公众所共享，更有力地推动文化遗产所在地经济社会的和谐发展。

（3）文化遗产是一个永恒的话题

祖先留给我们的文化遗产并非我们独享，我们还应完整地将她们移交给后代，未来世代同样有权利面对这些文化遗产，同样需要与历史与祖先进行感情与理智的交流。“子子孙孙永葆用”，这一保护过程要传之永远。因此，对于文化遗产，我们没有利用现有的优势进行大肆利用、甚至毁坏的权力。我们只能不遗余力地保护，在传承与守望的同时合理地加以利用。城市在发展过程中应格外珍惜自己的文化遗产，只有保护文化遗产和发展两者并重，城市才能获得真正意义上发展。“当历史的尘埃落定，一切归于沉寂之时，

① 单霁翔：《从“功能城市”到“文化城市”》，载《世界建筑导报》，2005（4），23页。

唯有文化以物质的或非物质的形态留存并传承下来，它是我们民族独立品格的历史凭证，也是我们满怀信心走向未来的坚实根基和力量与智慧之源”[①]。遍布城市的文化遗产和蕴涵于其中及传承于民间的非物质文化遗产是我们民族的宝贵财富。正确处理文化遗产保护的各种关系，实际上就是科学发展观的忠实实践。因此，要强调文化遗产保护“整体的观念”和“融贯的综合研究”，将传统的“文物学”扩展为全面发展的、兼容并蓄的、开放的“文化遗产学”。

三、新一轮城市总体规划修编中的城市文化问题

（一）城市总体规划重新审视城市发展方向

“中国现行的规划体系主要是在20世纪50年代初期奠定的，属于物质规划（Physical Planning），更确切地讲，是一种（物质）建设规划。经过几十年来积累经验，它在一定程度上维护了急剧发展中的建设秩序，这是首先应当肯定的。在另一方面，我们不能不承认当前规划思想、规划方法是不完善的、滞后的，已不能完全适应当前城乡急剧发展的迫切需要，亟待进一步深入研究、改进”[②]。一方面，今天无论是大专院校适用的城市规划专业的教材，还是建设部门举办的市长培训班的城市规划读本，其中从城市的定义到城市化的概念，从城市规划的任务到城市规划管理的方法，从城市规划的编制到城市规划的实施，内容可谓详尽。但是却缺少城市文化的基本内容，无论是城市文化规划还是城市文化建设均少有涉及。这样的教育结果只能培养出见物不见人的城市规划人员和重经济建

① 孙家正：《从故宫保护工程谈文化的作用及传统文化的保护与传承》，载《中国文物报》，2006-03-17（1）。
② 吴良镛：《人居环境科学导论》，124页，北京，中国建筑工业出版社，2001。

设，轻文化发展的城市决策者。另一方面，就城市文化建设的法律法规而言，严重缺失，亟待建立。特别是我国自 1982 年建立历史文化名城制度以来，尽管专家学者一再呼吁加快立法保护，但 25 年过去了，在国家层面，历史文化名城立法仍然是空白。由于相关法律法规的欠缺，在大规模城市建设中，历史文化名城保护受到极大的冲击，有的已经造成了文化资源不可挽回的破坏。

（二）城市“文化定位”成为城市关注的焦点问题

城市定位是城市总体规划编制的核心，但是目前在城市定位方面存在着一些不良倾向。一是不少城市定位盲目拔高，其中近年来 183 个城市提出建立“现代化国际大都市”的城市定位，由于明显脱离实际而受到专家的批评，反映出在城市定位上的盲目性。二是不少城市定位盲目贪大，往往一座城市同时定位为经济中心、金融中心、商业中心、物流中心、制造中心、交通中心……林林总总，包罗万象，名目繁多的城市定位反而使城市性质变得模糊不清。三是不少城市定位更多地关注城市的经济活力和增长数量，而把城市的文化生活状态和精神生活质量的发展和改善放在很次要的地位，对城市发展缺乏长远的战略眼光。城市定位应该是构筑在原有基础上的定位，若全盘摒弃原有的文化基础，也就丧失了其本身的特色，所谓城市定位也就必然演变为“千城一面”的帮凶，毫无意义。而正确的城市定位原则是从城市文化的角度考察和分析，用文化意识指导城市规划和发展。

城市特色制约文化定位，文化定位体现城市特色，而文化定位一旦形成又必然会强化城市特色。因此，城市定位应该具有一定的前瞻性，既不可脱离实际，又应该有所追求，有明确的目标感和方向性，有可以提升和努力的空间。城市文化定位往往作用于城市个性的培育、城市形象的树立、城市魅力的增加和城市品位的塑造。今天，越来越多的城市认识到，现代城市不应该只是建筑的叠加与罗列,不应该只是道路的延伸与交叉,而应该体现出城市的自然环境、建筑艺术和市民素质的和谐结合，应该体现出城市的传统风情、现实生活和文化创造的和谐共生。人们日益感受到城市文化与自身生活的多方面密切关联，许多需要求得解决又难于解决的问题，实际上都与城市文化的进步与发展有关，内容极其广泛而深刻。特别在当前经济全球化的形势下，“城市文化危机”的现实客观存在，每一个城市都应该通过深入发掘城市文化内涵,进行融贯的综合研究，从而对城市文化发展战略作出积极回应，探索实现城市文化复兴之策。城市的可持续发展应该同时围绕物质环境与文化环境全面展开。城市不仅在物质领域，在文化领域也应追求可持续发展。如果文化发展完全服从于经济的发展，经济目标过强，则必然缺乏真正的“文化精神”和“文化关怀”，其苦果无疑使“文化危机”加重。一个城市的发展可以“跨越”经济增长的阶段，但人文特色、人文精神的培育和塑造必然需要长时期的历史文化积淀，短期“包装”难以替代。

（三）“文化规划”保障城市文化定位目标的实现

随着文化在城市发展中的核心地位日益突出，在城市发展的诸多规划理论和实践中，出现了“文化规划”的课题，这是城市发展战略研究中值得重视的一个新领域。20 世纪 70 年代开始，国际上已经有城市规划机构和设计人员开始对“文化规划”的定义和涵盖内容进行界定。在 20 世纪 70 年代中期，美国就陆续地出现了文化规划实施案例。从 1982 年到 1990 年文化规划得到快速发展；到 20 世纪 90 年代以后对于文化规划的讨论和研究在北美、澳大利亚和欧洲开始广泛兴起。“概括西方国家城市规划学科发展的历程，可大致分为以下6个阶段，①注重物质规划阶段，②注重经济规划阶段，③注重环境规划阶段，④注重社会规划阶段，⑤注重生态规划阶段，⑥注重文化规划阶段”[①]。我国城市目前大致处在第一至第三阶段。由此可以看出，注重文化规划阶段是国家城市规划学科发展的最高阶段。我国城市规划学科发展任重道远，但是随着城市发展战略重点的转换，城市关注的核心内容也必将迎来新的升级转化。

文化规划作为城市发展中对文化资源战略性以及整体性的运用途径，应坚持规划的科学性。一是科学定位。城市文化的定位科学准确，就会符合城市历史传统和现实状况，就能成为城市居民的共同价值，城市文化建设与发展也必然会卓有成效。二是科学论证。对城市文化建设的各个方面进行可行性研究，特别是对城市文化的发展模式、发展途径、发展步骤等进行科学评估，使城市文化建设能够健康有序地进行。三是科学规划。对城市文化建设进行统筹规划，不仅包括长远规划，而且包括近期规划、详细规划，将规划细化到各个区域、各个部门、各个阶段。四是科学实施。城市文化建设是复杂的系统工程，在实施中必然涉及各方利益，调配各方资源，需要统筹协调文化发展与城市建设及其他领域发展之间的关系，以促进既定目标的实现。一个有远见的城市决策者，不仅应该具有文化资源的保护意识，更应该站在城市发展的角度重视文化规划的制定和推广，以文化资源决定城市发展的思路，以文化特色作为城市价值的所在。一个具有清晰的文化规划的城市，是能够体现文化价值的城市，同时，这个城市的经济和社会发展也必然充满活力。城市文化是一个包含着从物质形态到观念形态的整体，城市的功能布局、

① 王承旭：《城市文化的空间解读》，载《规划师》，2006（4）。

街区风貌、建筑风格以及文化设施等，构成了城市文化的物质形态；城市的管理制度、组织方式，居民的生活形态、职业特征以及社区的民间习俗、节庆活动等构成了城市文化的观念形态。通过制定城市文化规划,能够实现城市文化的物质形态与观念形态的统一协调。一方面关注城市文化对城市竞争力的提升以及对城市经济的发展的作用；另一方面关注城市文化对居民生活质量的提升以及对社会凝聚力的形成的作用。通过高水平的城市文化建设,优化生活环境,提高城市人口素质和物质生活和精神生活质量,促使市民增加对自身城市的认同感、满意度,进而产生自豪感、优越感,逐渐转化成城市的凝聚力、感召力,最终形成城市的综合竞争力优势。市民是城市的主人，参与文化规划是市民最重要的权利之一。要从保障公民最基本的政治权利、文化权利和经济发展权利的高度，看待保障市民参与文化规划的重要意义，切实保障文化规划的坚实社会基础。

在考古工作会议上的讲话

（2007年11月9日）

今天，我们齐聚一堂，共商我国考古事业发展的大计。我仅结合我国文化遗产保护和考古工作的实际情况，就城市考古、大遗址保护、考古资料整理与报告出版以及第三次全国文物普查等当前几项重要工作，谈几点意见。

一、关于城市考古

积极开展城市考古是城市化加速进程中加强文化遗产保护的重要措施。有关城市考古的问题，我曾在2003年广州考古汇报会上发言时讲过，今天我想再强调一下这个问题。

随着我国社会经济的快速发展和大规模城市建设在各大城市持续展开，城市考古已经成为基本建设考古的一个重要内容，并在实践中取得了一些经验和成效。例如，洛阳天子驾六车马坑的发掘与保护、广州市南越国宫署和水关的发掘与保护、成都金沙遗址和古蜀船棺合葬墓的发掘与保护，都大大丰富了已经逐渐空壳化的历史文化名城内涵。这些文化遗产保护和城市建设双赢的例子在西安、杭州、长沙等历史文化名城中还有很多。这些成果的取得，也充分说明了我国历史性城市的地下文化遗存异常丰富。

然而，不容忽视的是，由于各种原因，一些城市在加快城市化的过程中，采取“大拆大建”的开发方式，不仅破坏了这些历史城市的格局，对地下文化遗存的破坏更是毁灭性的。由于新的建设项目往往体量大、楼层高、基础深，并且由于地下铁道的建设速度加快，地下停车设施的建设大量增加，使地下文化遗存的保护与城市建设的矛盾异常尖锐，十分突出。例如，北京市有着850年的建都史，其地下蕴藏着丰富的文化遗存,然而我们考古工作的开展明显不足，重视程度明显不够，虽然取得了金中都水关遗址发掘保护等一些成绩，但是总体来看，取得的成果十分有限，包括金中都城遗址和元大都城遗址在内的很多重要区域尚未纳入法律保护的范畴。值得欣慰的是，最近北京文物部门提出将62.5平方公里的明清历史城区整体列入地下文物埋藏区，希望这一方案能够获得通过并付诸实施。可以想象，要寻求城市考古和文化遗产保护与经济建设的双赢，还面临相当多的问题和挑战，城市考古将会越来越成为我国考古工作的重中之重和难中之难。

各省级文物行政部门应该加强宣传，积极争取城市政府的支持与理解，并加强与发展改革、规划、土地、建设等部门的协调，建立健全有关法规和制度，为开展城市考古和文物保护工作创造良好的工作环境，尽快在考古调查和已掌握资料的基础上划定并公布地下文物埋藏区，在城市建设工程实施前开展必要的文物影响评估以及考古调查、勘探、发掘和保护工作。各专业考古研究单位要把城市考古工作作为当前和今后一个时期的工作重点，提高重视程度，加大人员投入，提升工作水平，把握城市地下文化遗存的整体分布，带着课题意识去积极主动地开展工作，为我国城市文化注入新的活力。

二、关于大遗址保护

大遗址保护一直是我国文化遗产工作中的重点和难点。随着各级政府认识的不断提高、重视的不断加强和投入的不断加大，经过几年的努力，我国大遗址保护工作开创出一个新的局面。吉林、辽宁高句丽遗迹，河南安阳殷墟，陕西西安大明宫、汉阳陵等大遗址保护取得初步成效，产生了良好的综合效益。今后几年是我国大遗址保护工作的关键时期，财政部和国家文物局确定了100处重点支持的大遗址，西安片区、洛阳片区、“丝绸之路”新疆段大遗址，长城、大运河等重要文化遗产的保护工作正在或者即将转入攻坚战，专业考古研究单位责无旁贷地要在这一过程中发挥其重要作用，正如张忠培先生讲的“考古学是大遗址保护工作的排头兵，考古工作者要为保护大遗址鸣锣开道”。

各级专业考古研究单位应积极参与到大遗址保护工作中来。一是要转变观念，开拓创新，把参与大遗址保护工作作为重要工作内容，发挥科研优势，加强对大遗址保护与展示理论的研究，提高保护意识，研究考古成果的转化与普及；二是要配合大遗址保护需要开展考古调查、勘探、测绘和必要的发掘工作，确定大遗址的范围、布局，搞清遗址的内涵，为大遗址保护规划的编制和保护展示工程的实施提供科学的基础资料；三是要以开放的胸怀、合作的态度，积极加强与规划等学科合作，发挥专业优势，参与到大遗址价值和现状评估、保护范围划定，保护和管理措施制定、保护展示方案编制和工程实施等大遗址保护工作的各个环节，为推进大遗址保护，为广大民众共享考古工作和文化遗产保护的成果，贡献应有的力量。

各省级文物部门在组织开展大遗址保护工作时要加强指导与协调，创造条件，充分发挥规划、考古、建筑、科技等有关科研机构和高等院校的优势，实现强强联合，形成合力，提高大遗址保护和管理工作的水平。

三、关于考古资料整理和报告出版工作

考古报告真实记录了考古过程和重要发现的详细资料，它的出版是考古工作的有机组成部分，也是最能体现考古工作科学性和公众性的一个环节。在过去的几年里，在大家的共同努力下，考古报告出版工作取得了一定的成绩，但是远不到松口气的时候。据不完全统计，截至目前，我国待出版的积压考古报告专刊尚有270余部，任务依然艰巨。一些承担整理任务的老专家年事已高，形势十分严峻。在某种意义上，清理出版积压考古报告的工作已是一项文物抢救保护工程，成为贯彻文物工作方针的重要内容。

各省级文物行政部门和各考古发掘研究单位要从贯彻执行《文物保护法》，维护法律严肃性的高度，重视清理积压考古报告工作。要制定具体的工作措施，例如落实责任制，对有困难的老专家要配备助手或成立专门的班子，建立必要的奖惩制度等，三年内一定要完成第一批积压考古报告清理工作。考古工作者要以对历史、对公众高度负责的态度，从维护《文物保护法》的严肃性的高度，从维护考古工作者社会形象和文物工作者职业道德的高度，积极开展工作，给历史、给自己的考古生涯画上圆满的句号。国家文物局已将该项工作列入执法督察的工作重点，今明两年将继续加强执法督察力度。

今后，国家文物局将商有关部门继续加大对于考古资料整理和

报告出版工作的支持力度。各省文物局、各考古研究单位也要加大投入力度，确保这项功在当代、利在千秋的基础工作取得根本性的胜利。

四、关于第三次全国文物普查

文物普查是国情国力调查的重要组成部分，是我国文化遗产保护事业发展的重要基础，对我国文化遗产保护事业的发展乃至社会经济的协调发展起到巨大的推动作用。20世纪50年代和80年代，我国先后开展了两次文物普查,都是全国范围内文物家底的大清查、文物资源的大发现，而此次开展的第三次文物普查是在我国文化遗产保护面临的新形势和文化遗产理念发展新趋势的双重要求下，由国务院直接领导的全国范围的文物普查，是关系到当前我国文化遗产保护事业发展全局的大事。我们一定要高度重视，全力以赴投入到第三次全国文物普查工作中来。

一是各级文物行政部门要统筹安排，充分发挥专业考古研究单位的主力军作用。

各级文物行政部门要把文物普查作为近几年各项工作的重中之重，严格按照已经制定的总体计划和各阶段的实施方案抓紧实施。由于文物普查涉及范围广、时间短、任务重，在当前文化遗产保护工作十分繁重的条件下，各省要适当收缩战线，调整工作重心，避免过度分散使用力量，集中人、财、物各种资源，优先保障普查工作的开展。除列入《国家“十一五”时期文化发展规划纲要》的重点工作和因基本建设工程必须开展的文物保护工程和考古工作外，国家文物局将原则上暂停审批各省为科研目的进行的考古发掘和非急需的文物保护工程，严格控制文物保护项目的数量和规模。

文物普查的专业特点决定了其离不开考古人员的参与，而且考古人员必须是主力军，必须发挥骨干作用，这一点同前两次普查是一致的。各省级文物部门必须合理统筹安排，要重视并充分发挥考古研究单位的专业优势，加强对普查人员的培训，确保每个文物普查队都必须要有专门的考古专业人员参加。

二是各级专业考古研究单位要提高认识，抽调精兵强将，积极参与第三次全国文物普查

当前，各级专业考古研究单位的各项任务十分繁重，一定要正确处理好基本建设中的考古工作、大遗址保护工作、考古资料整理与报告出版等日常工作和第三次全国文物普查的关系。既要确保日常工作有序进行，又要讲原则，顾大局，优先保障普查工作的顺利开展。要按照第三次全国文物普查的总体部署，抽调有经验的专业人员充实到普查工作的第一线，到各普查队担任领队或技术指导，充分发挥专业考古研究单位技术优势、人才优势和科研优势，加强指导，保障普查工作的质量。同时，还应结合普查工作，适当开展专项调查和课题研究，扩大普查的工作成果。各高等院校考古系、中国社会科学院考古研究所、中国科学院古脊椎动物与古人类研究所、中国文化遗产研究院、国家博物馆等考古单位也要提供支援，积极参与第三次全国文物普查工作。

三是专业考古人员要加强理论和专业知识的学习，发挥技术特长，投身到第三次全国文物普查中来。

专业考古人员一方面要加强对当前文化遗产保护新理论、新知识的学习，深刻理解文化遗产保护理念，准确把握其发展趋势；另一方面要加强对第三次全国文物普查标准和技术规范的学习，明确

第三次全国文物普查的重点、特点和要求；此外，还要加强对信息网络、遥感、地理信息系统和全球卫星定位系统等现代科技手段的学习，充分运用这些先进手段，提高文物普查的时效性和准确性。要增强责任心和使命感，吸取前两次文物普查、区域考古调查和基本建设工程考古调查工作中的经验，扎扎实实地开展工作，为第三次全国文物普查作出应有的贡献。

在中国文化遗产研究院成立大会上的讲话

（2007年11月20日）

今天我们召开大会，宣布中国文物研究所正式更名为中国文化遗产研究院，宣布中国文化遗产研究院领导班子成员的任命。这是中国文化遗产保护科研机构发展史上的一件大事。

中国文化遗产研究院成立大会

自1935年1月成立的旧都文物整理委员会至今，中国文化遗产保护科研机构已经走过72年的风雨坎坷历程，伴随着我们国家经济社会的繁荣发展而不断发展壮大。一代又一代文物保护科技工作者以保护国家文化遗产为己任，艰苦奋斗，精诚合作，开展了大量的文物资料收集整理、文物古迹调查研究及文物修缮保护工作，取得大量科研成果，培育出了一支精干的文物保护科研队伍，为中国文化遗产事业的发展作出了突出的贡献。

这次由中国文物研究所更名为中国文化遗产研究院，不仅说明由“文物保护”到“文化遗产保护”，科研对象的概念内涵和外延在扩大；不仅说明由“所”改“院”，科研机构规模在拓展；更说明我们肩负的文化遗产保护科研任务更加艰巨，工作更加繁重，责任更加重大。它标志着文化遗产保护科研机构改革的进一步深化，为事业的发展注入了新的生机与活力，也使全院各项工作面临新的挑战与考验。

希望中国文化遗产研究院领导班子团结带领全院科研人员和干部职工，深化改革，推进发展，开创文化遗产保护科研工作新局面。

第一，中国文化遗产研究院领导班子要带头树立和落实科学发展观，增强历史责任感。要认真贯彻执行国家的文物工作方针，把保护中华民族文化遗产作为自己的神圣使命，把推进文化遗产事业科学发展作为自己的崇高职责，把让文化遗产保护成果惠及广大民众作为自己的不懈追求。坚持解放思想、实事求是、与时俱进，提高全院自主创新能力，把领导班子建设成为善于领导科学发展的坚强领导集体。

第二，要带头学习新知识，增长新本领。在国内外形势深刻变化、科学技术日新月异、知识快速更新的条件下，我国文化遗产科研事业有许多难题需要我们去破解，有许多规律性东西需要我们去探求。中国文化遗产研究院领导班子担负着重要领导责任，学习必须成为一项极为重要的任务来落实。领导班子全体成员都要结合实际，如饥似渴地学习，毫不懈怠地实践，与时俱进地提高，不断充实自己、提高自己，以适应文化遗产科研事业发展的需要，为建设一个学习型、创新型科研单位作出表率。

第三，要带头加强作风建设。良好的作风，是执政能力和先进性的重要体现，也是做好各项工作的重要保证。中国文化遗产研究院领导班子要带头树立正确的政绩观，发扬求真务实精神，脚踏实地、埋头苦干，扎扎实实地深化改革、推进发展，创经得起实践、人民、历史检验的工作实绩。领导班子要严格实行民主集中制，健全集体领导与个人分工负责相结合的制度；班子成员要自觉加强团结，做到相互信任、相互支持、相互帮助，维护班子的团结统一。要加强反腐倡廉建设，每名成员都要严于律己，坚决抵制和反对一切消极腐败现象，自觉做到清正廉洁。

中国文化遗产研究院的成立，是我国文化遗产保护科研事业发展的一个新的起点。回顾光荣历史，展望美好未来，我们深深感到任重而道远。承前启后，继往开来，我们要共同努力把中国文化遗产研究院建设好、发展好，共同营造自主创新的良好环境，不断推出先进的科研成果，努力培育一流的科研人才，培养造就一支过硬的科研队伍，为推进我国文化遗产事业科学发展作出更大的贡献！

在“文化遗产保护规划国家文物局重点科研基地”挂牌仪式上的讲话

（2008 年 1 月 10 日）

文化遗产保护规划国家文物局重点科研基地挂牌仪式

在国家文物局的指导下，中国建筑设计研究院经过一年多的精心组织和筹备，今天，我们在这里隆重举行“文化遗产保护规划国家文物局重点科研基地”的挂牌仪式。

当前，文化遗产保护面临着前所未有的挑战。在工业化、信息化、城镇化、市场化、国际化深入发展的背景下，大规模的经济建设、城乡建设和基础设施建设以及旧城改造、新区开发、新农村建设，使文化遗产保护与经济发展的矛盾凸显，文化遗产保护处于最危险、最紧迫、最关键的历史时期，保护工作也必将进一步呈现综合性、复杂性的特点，需要我们重新思考和定位文化遗产保护的模式和管理方式。规划学的思想、方法与技术的引入，为创新性开展文化遗产保护工作的提供了更为广阔的空间，也为文化遗产的完整保护、合理利用和有效传承提供了最为有力的工具。具体体现在以下四个方面。

一、文化遗产保护规划的编制，有助于加强对文化遗产的真实性和完整性的认知

规划编制工作，将文化遗产的保护和利用与周边地区的社会生活、经济发展、生态环境建立起直接的、显著的联系。《西安宣言》提出的文化遗产的“环境”的新概念，除传统认识上自身物质环境外，扩大到保护周边的自然环境，扩大到保护其文化背景及与之相关的无形文化遗产。这使文化遗产价值认知的视角，由原有的本体的历史、艺术、科学价值的认知逐步扩展到社会文化价值、情感价值、功能价值等多角度和多层次的价值认知，文化遗产的内涵和外延得到了极大丰富，文化遗产更加生动、更加充满活力。

二、文化遗产保护规划的编制，有助于加强保护工作的科学化和制度化

对于文化遗产的保护而言，保护规划具有纲领意义。一处文物保护单位的保护规划就是它的法规性文件，是直接指导遗产地保护和利用工作的具有指令性的“操作手册”。保护规划的实施有利于对文化遗产的保护，有利于保护文物本体的真实性、文物古迹的环境风貌，有利于指导管理单位的日常管理工作，并规范和统筹安排保护范围、建设控制地带内的各类建设活动。保护规划制定的保护措施及提出的技术要求，还有利于指导文物保护工程的进行。规划提出的管理和开放计划、游人疏散计划等，对于核定和控制游客总量、

管理日益增加的旅游热潮、限制其对文物古迹的不利影响，具有重要的现实意义。通过规划，逐步实现文化遗产保护工作从消极被动向积极主动转变，在保护方式上由突击式、抢救性、应急式向建立健全制度、形成长效机制的转变。

三、文化遗产保护规划的编制，有助于加强文化遗产保护与地方经济和区域经济和谐发展的协调

科学有效地开展保护规划工作，能够解决好保护与利用的平衡发展问题，与城乡发展规划和城市建设计划的思路和主要任务协调一致，形成城乡经济社会发展一体化新格局。无论是敦煌莫高窟，还是殷墟遗址、大明宫遗址，通过保护规划的实施，既直接保护了文化遗产，还促进了地方经济的发展，改善了当地民众的生活，提升了城市形象。世界文化遗产地《高句丽王陵、王城及贵族墓葬保护规划》的制定与实施，重新定位了集安市的城市功能，有效地推动集安市向文化遗产城市、生态城市和旅游城市的战略转移，一个成功的文化遗产保护规划的制定和有效的行动计划的实施，给我们带来一个环境友好型和资源节约型的新集安，实现了文化遗产有效保护与经济建设又好又快发展的双赢局面。

四、文化遗产保护规划的编制，有助于加强原住民的保护意识

我们面对的保护对象，往往经过了数十年、上百年，甚至上千年的风雨历程而有幸留存至今，文化遗产本体往往早已满目疮痍，其原生环境也发生了天翻地覆的变化。但是我们不能忽视另一方面的变化，伴随原有生产、生活方式的消失，一些文化遗产对于民众

来说渐渐难以理解，随着时光流逝，当地民众与文化遗产之间的相互关联日渐疏远，文化情感日趋淡漠。规划编制的一个重要环节，就是协调各利益相关者，特别是原住民的利益，这个过程有助于建立原住民与文化遗产的“沟通关联”和“情感培育”。只有当文化遗产成为原住民的精神归属，文化遗产的兴衰与原住民的利益息息相关,民众才会积极投入到维护自己文化权益的文化遗产事业之中，才能变“少数的抗争”为“共同的努力”，文化遗产保护才有可能真正成为一种民族自觉的行为。

中国建筑设计研究院建筑历史研究所自 20 世纪 90 年代以来，以我国世界文化遗产和全国重点文物保护单位中的考古遗址、古墓葬、古建筑（群）、石窟石刻、古村落等为主要对象，开展文化遗产总体保护规划和各级文物保护单位的具体保护规划与相关工程设计研究，科技水平国内领先，科研成果独树一帜，在国际文化遗产保护科技领域具有重要影响，为保护中华民族文化遗产、维护国家文化安全、建设和谐社会作出了突出贡献。为此，经国家文物局批准，依托中国建筑设计研究院设立“文化遗产保护规划国家文物局重点科研基地”。它将为开展文化遗产保护规划的技术、规范，以及文化遗产保护规划理论体系的形成与建立,搭建起一个重要科研平台。

今天的挂牌仪式，标志着“文化遗产保护规划国家文物局重点科研基地”的正式启动运行，希望中国建筑设计研究院建筑历史研究所能以此为新的起点，将科学研究、成果转化、人才培养、体制机制创新等方面统筹考虑，为进一步发挥科学和技术在文化遗产保护中的支撑和引领作用而努力，为促进文化遗产保护事业的全面发展贡献更大的力量。

在中国文化遗产研究院揭牌仪式上的讲话

（2008 年 2 月 18 日）

中国文化遗产研究院正式揭牌成立，这是我国文化遗产保护事业中的一件大事，也是国家文物局 2007 年取得的重要工作成果。

中国文物研究所更名为中国文化遗产研究院，见证了我国文化遗产保护从“文物保护”走向“文化遗产保护”历史性转型的过程。文化遗产是我们世世代代创造、积累、积淀的杰出贡献，研究文化遗产，就是研究人的生存状态、研究人的过去和未来。“文物”到“文化遗产”内涵的逐渐深化，保护领域的不断扩大，引发了文化遗产保护要素、类型、空间、时间、性质、形态等各方面的深刻变革。对文化遗产保护从文物本体扩充到对其环境及环境所包含的一切历史的、社会的、精神的、习俗的、经济的和文化活动的各个方面，在保护的内涵方面，文化遗产保护更加突出历史传承性和公众参与性。

近年来，作为文化建设的重要组成部分，文化遗产事业取得了令人瞩目的成绩，在文化遗产保护科学技术方面取得了显著进步。其中，基础研究取得了较大进展，人文社会科学与自然科学进一步结合，考古学理论、方法和技术获得长足进步；文化遗产材料、工艺、环境等研究逐步得到重视，保存和修复技术取得重大进步，应用研究成果丰硕，在大木构件原址保护、金属器保护、纺织品保护等方面，攻克多项技术难题；文化遗产保护科研队伍逐步加强，科研机构建设发展较快，科研管理体系初步形成。科研经费投入力度逐年加大，科研设备配置进一步完善，国家和地方科研单位科技基础设施条件大为改善；国际合作交流进一步扩大，通过扩大合作，不仅利用国际科技资源促进了我国文化遗产保护，也向世界展示了我国文化遗产保护的科技成就。

但是，我们也应该清醒地认识到，我们肩负的保护文化遗产的任务十分艰巨而繁重。在城市化加速推进和城乡建设全面展开的背景下，我国的文化生态正在发生巨大变化，文化遗产处于最危险、最紧迫、最关键的境地，文化遗产保护总体面临着“前所未有的重视和前所未有的冲击”并存的局面，大力加强文化遗产保护刻不容缓。而目前科技对于文化遗产保护的支撑引领作用还远远不能适应我国文化遗产保护实际需要，比较严重地制约了全国文化遗产保护事业的健康发展，主要表现如下。

（1）战略研究相对薄弱。对文化遗产保护缺乏科学系统的战略研究，对文化遗产保护科学技术的理解比较狭窄，既缺乏国家标准和技术规范，也没有纳入国家科学技术整体发展战略之中，导致了文化遗产学科建设无法整体推进，跨学科研究全面支撑文化遗产事业的局面难以形成。

（2）基础研究和技术应用不足。文化遗产保护基础研究不够，对传统材料、制作工艺以及材料退化原因和传统修复工艺缺乏必要的科学分析和理论研究；以保护为主导、以考古研究为基础的多学科的遗产调查、评估、登录体系尚待确立；科技创新基础相对薄弱，应用技术集成性较低，科技成果转化率偏低。目前，困扰文物保护技术应用的许多关键问题，仍未寻求到有效合理的解决方法，亟待有组织的技术攻关和集成创新。

（3）重大文化遗产地的综合保护相对落后。对大遗址保护缺乏理论总结和战略研究，综合性保护的理念和操作技术尚未形成。多学科协调不够，缺乏合力。大遗址保护规划工作亟待总结提高，对如何保护展示大遗址的真实性和完整性，认识上存在偏差。大遗址保护规格较高，但是计划、规划、管理层次较低的矛盾普遍存在。

（4）科研条件建设与人才培养滞后。我国从事文化遗产保护的专业科研机构偏少，科研人员远远不足，学术带头人和高层次、高水平的科技保护研究人员更为匮乏。

因此，加强多学科交叉研究和技术集成攻关，更多地组织跨学科、跨行业、跨地区、跨单位的合作，提高文化遗产保护科技创新能力，为文化遗产保护事业的进步与发展提供急迫并全面持续的支撑与引领作用，已成为文化遗产保护科技发展的一项十分紧迫的任务。

中国文物研究所走过了漫长的发展历史。从“古代建筑修整所”“文物博物馆研究所”“文化部文物保护科学技术研究所”“中国文物研究所”到“中国文化遗产研究院”，更名的过程就是事业发展的缩影，每一次更名和机构重组都使文化遗产事业得到更大的发展。七十余年来，中国文物研究所圆满完成了上千项文物保护维修、科技研究等项目，逐步形成了社会科学、自然科学、技术科学交叉融合的文物保护专业体系，造就了一批享誉中外的专家，培养了优秀的工作传统，科研梯队初具规模，科研设备逐渐齐全，历史与技术档案丰富，基本具备承担各种类型文化遗产保护工作任务的能力，成为我国文化遗产保护的重要力量。尤其是其组织、主持、参与的重大文化遗产保护工程，如芮城永乐宫、正定隆兴寺、云冈石窟、西藏布达拉宫、高句丽王城王陵等的保护维修，又如三峡工程文物保护规划、历史文化遗产保护中长期科技发展规划战略研究、文物档案建设及馆藏文物腐蚀损失调查等重要的全国性项目，培养了各地文化遗产保护队伍,为全国各地文化遗产事业作出了巨大的贡献。此外，中国文物研究所作为全国文化遗产系统中唯一的科研单位参加文化体制改革试点，在探索中国特色的文化遗产事业的改革与发展中，作出了应有的贡献。

随着我国科技事业的迅猛发展，文化遗产科技保护的任务更加紧迫，这对中国文化遗产研究院来说，既是机遇，也是挑战，而且机遇大于挑战。中国文物研究所更名为中国文化遗产研究院，这既是形势发展的需要，也是文化遗产保护规律的内在需求。目前，中国文化遗产研究院基础理论研究成果缺乏,对传统技术的发掘不够，创新理论和技术研发支持不足，没有形成科学技术共享平台，科技成果推广缓慢，与文化遗产保护的繁重任务相比，有效支撑作用略显不足。

国务院发布了《关于加强文化遗产保护的通知》，明确提出了新时期我国文化遗产保护的指导思想、基本方针和总体目标，加快了我国从“文物保护”走向“文化遗产保护”的进程。《国家“十一五”时期文化发展规划纲要》中明确要求“实施重点文化遗产保护技术专项，开展文化遗产保护关键技术研发，提高文化遗产保护科技含量”。我们必须全面贯彻落实科学发展观，从理论和实践上研究探索文化遗产保护的重大问题，谋思路，促发展，推动文化遗产保护方式方法、体制机制、传播手段不断创新。

更名后的中国文化遗产研究院将以一流的项目和课题，吸纳一流的专家学者，通过一流的服务和管理，争创出一流的科研成果，逐步发挥中国文化遗产研究院在整个文化遗产保护领域的骨干和引领作用。坚持以国家文化遗产保护需求为导向，以改变文化遗产保护科技发展水平与文化遗产大国身份不相适应局面为己任，要努力掌握一批具有推广价值的文化遗产科学保护修复的关键技术和工艺，逐步构建具有普适性的核心科学技术体系；建立健全文化遗产保护工作规范和技术标准的标准化体系，推进文化遗产保护工作的制度化、规范化建设；培育中国特色文化遗产保护新兴学科，形成中国特色文化遗产保护学科发展体系；围绕创建国家重点实验室和国家工程技术中心为目标，攻关文化遗产保护的关键技术，依托重大科研课题（项目）、科研基地以及国际学术交流合作项目，构建科研人才培养体系的基本框架、培养模式、运行机制，加大学科带头人的培养力度，积极推进创新团队建设，使大批优秀人才脱颖而出；建立科技资源共享互动机制，探索建立面向社会、面向全国的科技服务、推广体系和文化遗产资源公共服务平台，实现基础研究、应用研究、科技服务体系的有机结合，推进大型科学仪器、设备、设施、资料、成果的共享，逐步形成服务全国文化遗产保护领域的共享网络；进一步加强国际交流合作，建立一批战略合作伙伴，从而在国际文化遗产保护舞台上发挥应有的作用。

关于设立表彰有突出贡献的文物保护工作者的国家奖励制度的提案①

（2008 年 3 月）

我国的文化遗产蕴含着中华民族特有的精神价值、思维方式和想象力，体现着中华民族的生命力和创造力。加强文化遗产保护，对继承和弘扬优秀传统文化、推动社会主义先进文化建设，对保持民族文化传承、联结民族情感纽带、增进民族团结、维护国家统一和社会稳定等，具有重要的现实意义和深远的历史意义。文化遗产保护作为一项利在当代，功在千秋的社会公益事业，需要广大文物工作者以守土有责的精神承担起庄严使命。广大的文物工作者以坚定的信念、顽强的精神，奋力拼搏，不辱使命，为祖国文化遗产的留存永续、为中华民族文明的传承弘扬，默默无闻地奋斗。没有他们的忠于职守、不懈努力，没有他们中杰出人物的突出贡献，我国的文化遗产事业就不会有蒸蒸日上、繁荣发展的大好形势。因此，他们是中华民族的骄傲，是捍卫中华文明的功臣。

为了调动广大文物工作者的积极性，国家已经以法律的形式，在《中华人民共和国文物保护法》中明确规定，凡是作出突出贡献的，由国家给予奖励。国家荣誉制度和国家奖励制度如能切实加以落实，

① 此文为在全国政协十一届一次会议上的提案，联名提案人：刘庆柱 张柏 吕章申 高延青 王川平 安家瑶 詹祥生 张廷皓 苏士澍 张和平 张学津 耿其昌 杨力舟 赵维绥 张平 郑欣淼 张桃林 周岚 王瑞珠 张俊芳 胡珍 韦建桦 李羚 王霞 杨一奔 薛康 林国文 刘志强 周和平 韩方明 王明明 何家英 龙瑞 杜玉波 陈国星 崔建华 边发吉 李晓林 王少阶 吴晓青 余辉。

必将进一步调动和激发广大文物工作者的荣誉感和创造性，对推动我国文化遗产保护事业可持续发展具有重要的作用。

中华人民共和国成立以来，以郑振铎、王冶秋等为代表的一代又一代文物工作者以强烈的事业心、责任感投身于文物事业，筚路蓝缕，为我国家的文物事业艰苦创业、无私奉献，为文物保护事业的改革与发展作出了突出贡献。许许多多文物工作者视文物为生命，他们在文物存亡的紧急关头，敢于挺身而出，当仁不让。特别是一些著名文物专家，毕生以文物保护为己任，被誉为“中华国宝的坚强卫士”。为了保护文化古都、历史文化名城，重要文化遗址，他们不顾年迈体弱，积极建言献策，直至上书国家领导人，引起对文物保护高度的重视，使一些历史文化名城在城市建设中停止了对历史城区的“大拆大建”，使大量珍贵的文物古迹得以妥善保护，实为功德无量。对于这样一些长期从事文化遗产保护并作出突出贡献的专家和文物保护工作者，应该受到国家应有的表彰。

当前，我国处在全面建设小康社会的重要历史时期，随着国家经济社会的快速发展，文化遗产保护事业也面临着难得的机遇和严峻的挑战。工业化、城市化的加速，给文化遗产保护带来巨大冲击；同时，人们对于精神文化的需求也在迅速增长，对文化遗产保护提出了新的、更高的标准和要求。文物保护工作者在力量弱、任务重、环境艰苦的条件下，为文化遗产事业的发展而努力拼搏。在此情况下，国家的表彰奖励将是对广大文物工作者最重要的支持和鼓励。

我们也了解到，在文化遗产保护方面，一些发达国家十分注重发挥表彰奖励的肯定、激励和导向作用。他们通过国家奖励制度，激励从业人员的积极性、创造性。他们的做法值得我们借鉴。一些国家不仅表彰奖励本国的公民，对外国人的突出贡献也予以表彰奖励。例如吴良镛先生曾先后荣获荷兰政府颁发的“克劳斯亲王荣誉奖”和法国政府颁发的“法国文化艺术骑士勋章”。荷兰王子约翰·佛利苏，于2003年专程到北京，为89岁高龄的王世襄先生颁发了“克劳斯亲王奖最高荣誉奖”。作为在荷兰享有极高声望的文化奖项，“克劳斯亲王奖”在世界文化领域也具有重要影响，而获得最高荣誉奖的仅1人。

新修订的《文物保护法》颁布实施已经5年，但是，至今国家层面尚未依法制定相关奖励制度、设立奖励专项经费。为此建议：

（1）设立表彰有突出贡献文物保护工作者的国家奖励制度。

（2）设立表彰有突出贡献文物保护工作者的奖励专项经费。

文化遗产保护科学技术发展辩证思考——写在中国文化遗产研究院成立之际

（2003 年 2 月 19 日）

文化遗产保护是指针对文化遗产价值的调查、评估、认定、研究、展示、利用和传承，对文化遗产本体的保存、保全和修复，以及对文化遗产相关环境的控制与治理等。文化遗产保护科学技术包括人文社会科学、自然科学、工程与技术科学等一切与文化遗产保护相关的科学技术。文化遗产保护科学技术除了要探讨文化遗产保护中共性的规律、理论和方法外，主要是综合和专门地将一切有利于文化遗产保护的现代科学技术以及已认知的传统技艺，施用于从认知到合理利用全过程的一切文化遗产保护领域。

一、国际文化遗产保护科学技术的发展趋势

当今世界已步入了经济结构加快调整的重要时期，同时，也是科学技术创新不断涌现的重要时期。发轫于上个世纪中叶的新技术革命及其引发的科学技术重大发现、发明和广泛应用，推动世界范围内生产力、生产方式、生活方式和经济社会发展，发生了前所未有的深刻变革，也引起全球生产要素流动和产业转移加快，经济格局、政治格局、文化格局和社会格局均发生了前所未有的重大变化。进入 21 世纪，新技术革命发展的势头更加迅猛，孕育着新的重大突

① 此文发表于《文物》2008 年第 3 期，第 56 页，2008 年 3 月出版。

破。信息技术、生物技术、空间技术，以及生命科学、能源科学，特别是基础研究的重大突破为人类认知客观规律、推动技术和经济发展展现新的前景。所有这些科学技术方面的发展与进步，都将对文化遗产保护的理念和方法带来前所未有的深刻影响，一切新的科学发现和技术发明都会被考虑应用于文化遗产保护领域。

事实证明，无论任何国家或是任何领域，只要在科学技术创新方面占据优势，就能够在发展上掌握主动。于是，世界各国特别是发达国家纷纷把推动科学技术进步和创新作为国家战略，大幅度加大投入力度，加快科学技术事业发展，尤其重视基础研究，重点发展高新技术及其产业，加快科学技术成果现实生产力转化，以利于为经济社会发展提供持久动力，在国际竞争中争取优势。例如英国分别于 2000 年和 2001 年制定了《卓越与机遇——21 世纪科学与创新政策》和《变革世界中的机遇——创业、技能和创新》等以科学技术发展与创新为主题的政府白皮书；德国政府于 2003 年 3 月提出《2010 年议程》，推进涉及众多领域的全面改革，向可持续发展方向迈出坚实步伐；日本从 2006 年开始执行第三期科学技术基本计划，提出在向知识经济转型中，必须增强大学和公共研究机构的创新能力，将其在创新活动中产生的新知识应用于社会[①]。

近年来，世界各国都对本民族的文化遗产保护给予高度重视，无论是在人力和物力投入方面，还是在资金的注入方面，都较过去有了显著提高，文化遗产保护已经上升到国家文化战略的高度。欧盟《科技发展第六框架计划（2002—2006 年）》确定文化遗产保护和相关研究为增强经济潜力和凝聚力的战略重点；意大利启动了“文化遗产保护特别项目”；法国实施了“文化

① 郑晓春：《聚焦国外创新政策与法规》，载《科技日报》，2006-01-09。

遗产国家级研究计划”；美国制定了《拯救美国财富计划》；印度也于2003年提出，利用现代科学技术的全部潜力来保护、保全、评价、更新、尊重和利用印度的悠久文明。这些计划的实施，充分利用了科学技术手段，有效地推动了各国文化遗产保护的进程。

回顾文化遗产保护的发展历程，现代科学技术的介入往往对文化遗产保护水平的提高起到决定性作用。今天人们普遍认为，科学技术发展是文化遗产保护扭转当前被动局面，实现跨越式发展的重大机遇。现代科学技术的广泛应用，使文化遗产保护科学技术含量不断提高，而现代科学技术和传统工艺的有机结合，则是文化遗产保护科学技术的核心内容，无论在广度和深度，在针对性和普适性，在安全性和可靠性等方面都提供了新的思路、方法和手段，甚至彻底改变了原有的模式。特别是在文化遗产保护发达国家，高新技术在文化遗产保护中的应用，呈现出活跃与多样性的态势。磁力仪、全站仪、地质雷达遥感技术、微型机器人等技术在考古发掘、调查、测绘等方面得到广泛的应用并逐步深入；荧光成像、核磁共振、X射线探伤、同位素检测等现代分析检测手段和仪器设备的应用，在文化遗产真实性、完整性认知方面发挥了积极作用，提高了文化遗产保护的针对性和可靠性。

文化遗产信息资源的数字化已得到国际社会的普遍重视。在数据库建设不断完善的基础上，随着信息技术、网络技术高速发展，文化遗产信息资源的共享与应用也通过多种技术手段得以实现和加强。联合国教科文组织于1992年启动“世界记忆计划”，积极探索利用信息技术手段保护文献资料，目前已建立了“失去的记忆”“濒危的记忆”“当代活动”等三个数据库；“欧盟信息社会科技计划”是欧盟的委托执行项目之一，源自于欧洲的“基础建设计划”，目的在于通过数据库建设将欧洲建设为知识创造、分享与交换的中心。该计划综合考虑了文化遗产类数据的自动获取、分析、理解、分类、重组、整合、处理等一系列功能；意大利围绕文化遗产登录与编目工作，建立了由编目系统和多媒体数据库为基础的数据库群，其中编目系统存储记录近千万条，多媒体数据库中现已存储了含 55 万幅图像在内的 120 余万件文物详细信息；美国“拯救国家财富计划”自 1990 年开始，选择对研究美国历史和文化有重要意义的收藏进行数字化，利用数据库记录文件、照片、胶片以及一些珍贵收藏品等共计 700 多万件，并在互联网上发布。

当前，国际文化遗产保护领域的科学技术发展呈现以下特点：现代科学技术对文化遗产保护的支撑作用日益凸现，保护中的科学技术含量不断提升；集多学科联合力量聚焦攻克文化遗产保护难题已成共识，人文社会科学、自然科学进一步融合；以文化遗产保护的重大需求为牵引开展基础研究工作，“基础—应用—推广”融为一体相互促进的科学技术体制不断强化；系统数据库的建设不断完善，文化遗产保护预警与保护效果评价的技术正在形成；针对文化遗产保护的体制、机制问题，超前顶层设计发展研究工作越来越得到重视；科学技术保护的法律意识不断增强，科学化、制度化、标准化的氛围得到进一步提升；发挥政府主导、协调作用，打破部门、条块界限，组合优势资源形成强势科学技术团体联合攻关已成潮流；文化遗产保护科学技术所需要的不同层次、不同学科的人才队伍建设得到进一步重视；协同世界优秀科学技术资源参与地区文化遗产保护工作，文化遗产保护科学技术的国际合作机制正在形成。

二、我国文化遗产保护科学技术现状及问题

在我国，从1956年发出“向科学进军”的伟大号召，到1978年提出“科学技术是第一生产力”的著名论断；从1995年“科教兴国”成为国家的治国方略，到2006年“建设创新型国家”成为国家的既定目标，科学技术引领各项事业的作用不断增强。今天，人们越来越认识到，面对世界科学技术发展趋势，面对日益激烈的国际竞争，只有把科学技术真正置于优先发展的战略地位，才能把握先机，赢得发展的主动权。但是，目前我国科学技术的总体发展水平同世界先进水平相比仍有较大差距，与我国经济社会发展的要求还有许多不相适应的地方。同时，还必须清醒地认识到，我国经济社会发展水平不高，人均资源相对不足，进一步发展面临着一些突出的问题和矛盾。因此，就我国发展的战略全局而言，当前比以往任何时候都更加迫切地需要坚实的科学基础和有力的技术支撑。

在贯彻科学发展观，全面迈向小康社会的进程中，文化遗产作为国家和民族的文化命脉，作为人类社会可持续发展的特殊资源，必须得到妥善保护。近年来，文化遗产保护科学技术不断进步，建立起一批科学研究机构，完成了众多具有重要影响的科学研究和技术应用项目，通过继承传统、开放创新，实现文化遗产保护科学技术的不断进步，为文化遗产事业发展作出了突出贡献。当前，文化遗产领域的研究进入了前所未有的活跃时期，从宏观到微观，从广度到深度，都有较快的发展。同时，多学科的研究生动活泼，对许多概念的认识都大大深化，而这些相关学科的发展必将从理论上、内容上、方法上进一步促进文化遗产研究领域的发展，促使人们努力探索文化遗产保护中的诸多新的课题。现代高新技术的迅猛发展

和现代管理学科功能的日益强大，也需要人们对传统的文化遗产保护技术进行理性思考，重新审视，重新定位，在继承与创新的基础上，以新的理念推动文化遗产保护科学技术创新体系建设。

目前，文化遗产保护的科学技术含量不断提高，取得了显著成绩。例如在不可移动文物保护方面，西藏布达拉宫保护维修、援助柬埔寨吴哥古迹保护修缮、三峡库区文物保护抢救、秦始皇兵马俑彩绘保护研究、敦煌石窟和壁画保护修复等项目中，科学技术都发挥了突出的作用。特别是在大型古代遗址保护中进一步探索将考古、规划、环境、地质、化学、物理等多种科学技术综合运用，取得了重要成果。同时，现代科学技术的引进和应用，拓展了文化遗产保护基础科学研究领域。特别是在文化遗产的价值研究方面，碳 14、热释光等测年技术，电阻率法、电磁法和卫星定位等现代勘测技术的应用，为文物本体评估认定提供了新的手段，通过探明其起源、产生、发展、应用、传播历程，深入揭示其特点，阐释其历史价值、艺术价值和科学价值，取得了重要进展。在文化遗产保存修复技术方面，也取得了重要进步。例如出土丝织品保护、饱水简牍和漆木器脱水保护、出土铁器脱盐保护等方面取得了宝贵经验，这些技术成果在文化遗产保护中的推广与应用，有效遏制了腐蚀损毁的速度，抢救了大量珍贵的文化遗产。

在文化遗产保护科学技术法制方面，新修订的《中华人民共和国文物保护法》及其实施条例，对文化遗产保护科学技术作出进一步的规定。近年来，组织开展了文化遗产保护领域中长期科学和技术发展规划战略研究，完成了战略研究报告和发展规划纲要。根据新时期科学技术工作的特点，先后制定了《文物保护科学和技术研究课题管理办法》《文物保护科学和技术研究课题招标评标暂行办法》等一系列规章，发布了《文化遗产保护领域科学和技术研究课题指南》。尽管我国文化遗产事业不断进步，但是与国外同行和国内其他行业发展水平相比，文化遗产保护科学技术的总体发展仍然落后，与文化遗产保护的繁重任务相比，科学技术的有效支撑明显不足。主要表现在以下方面。

（一）“预防性保护”观念相对薄弱

今天，文化遗产保护的任务异常繁重。一方面，在频发的自然灾害和破坏面前，文化遗产往往十分脆弱。雨水入侵、风沙危害、自然坍塌、生物虫害等自然破坏使不可移动文物面临着诸多挑战；霉变、酥碱、起甲、变色、脱落，使馆藏文物难以长久保存。同时，文物建筑、古代遗址、历史地区及其背景环境正在面临着过度开发带来的种种威胁。必须承认，在文化遗产保护的诸多技术难题面前，科学技术的贡献率尚不高。另一方面，目前普遍存在“重被动性抢救、轻预防性保护，重开发利用、轻保管养护”的观念。对于文物建筑来说，注重安排重点修缮经费，缺少日常养护预算；对于博物馆来说，注重安排馆舍建设经费，缺少藏品修复经费。根据调查统计分析，目前共有 50.66% 的馆藏文物存在不同程度的腐蚀损害。其中处于濒危腐蚀程度文物 29.5 万余件（组），重度腐蚀程度文物 213 万余件（组），中度腐蚀程度文物 501.7 万余件（组），分别占全国馆藏文物总数的 2.01%、14.52%、34.13%。面对如此严重的文物腐蚀损失状况，目前用于博物馆藏品保护的经费却仅占博物馆业务经费的 5%。

（二）“综合性研究”投入相对不足

目前，应用科学技术实施文化遗产保护存在一些突出问题，一方面，科学技术意识有待提高，在文化遗产的调查、发掘、保护、研究、展示和传播中，存在忽视合理运用科学技术的倾向，甚至认为文化遗产保护不是一门学科，而仅是一种技术工作。因此，科学研究基础设施不完善、运行机制和管理体制不适应、地域发展不均衡等存在已久的机制性障碍，使大量实用技术停留在一般性应用层面，而高新技术的引进和利用显然不足，导致文化遗产保护科学技术的发展难以适应事业的需求。另一方面，文化遗产保护的科研成果较为零散，尚未形成针对各类文化遗产的集成性科研成果，适应文化遗产保护规律的科学技术体制没有建立起来，研究机制存在着制约性因素，科学技术管理需要进一步加强，科学技术评价体系不健全，现有的激励机制、奖励机制不能满足促进保护科学技术健康发展的需要，文化遗产保护科学技术的战略性综合研究明显不足。

（三）“重大专项研究”成果相对缺乏

我国文化遗产保护科学研究工作起步较晚，尚未对文化遗产保护提供强有力的全面支撑。一方面，基础理论研究发展缓慢，应用技术科研成果匮乏，往往“头痛医头、脚痛医脚”，造成对文化遗产价值的系统研究滞后，对传统技术的发掘整理薄弱，对科学技术前沿的发展动态缺乏了解，多数应用技术属于个性技术，缺乏共性技术的总结，缺乏对具有中国特色的保护技术的科学分析及理论研究。另一方面，缺少针对各类文化遗产保护的重大专项研究，尚未形成带动文化遗产保护水平整体提高的科学技术支撑力量。文化遗产保护科学技术基础条件共享平台建设亟须开展，多学科支撑的文化遗产调查、评估、登录体系尚待确立，技术标准和规范的建设相对滞后，标准化工作亟须推动。同时，科学技术研发、推广的机构总量不足，科学技术队伍相对薄弱，学术带头人和高层次、高水平的研究人员特别匮乏，国家在文化遗产保护领域基础科研项目方面投入仍有较大差距，远远不能满足文化遗产保护的总体需求。

（四）"成果推广转化"机制相对滞后

目前，科学技术成果推广应用体系不健全。一方面，对文化遗产保护科学技术的创新理论和技术研发支持不足，有效借鉴和利用现代科学技术和方法不够，致使困扰文化遗产保护技术应用的许多关键问题，未能寻求到有效合理的解决方法，例如有机质地文物、铁质文物、土质文物等保护的实施缺乏集成性科研成果有力支撑。另一方面，已有的科研成果得不到有效推广利用，相当部分科学技术成果在鉴定、评奖之后束之高阁，尘封在档案柜中，没有积极对它们进行推广转化，即使部分科学技术成果得到应用和转化，也仅仅局限在本地区、本单位应用，而其他地区或单位在实施文化遗产保护项目或工程时往往没有所需的技术和方案，造成同一科研项目在不同地区和单位的低水平重复研究，这种供需信息的断裂，在很大程度上阻碍了科学技术成果的推广转化。例如漆木器脱水保护技术基本成熟，可以推广运用，但是在各地的博物馆和保管机构中，仍然有大量漆木器浸泡在水中已达30年以上，成果推广亟须加大力度。

三、加强文化遗产保护科学技术的辩证思考

今天，我国文化遗产保护科学技术的发展，特别是在结构布局、战略重点和政策举措等方面，存在着一系列亟待解决的重大课题和学术前沿问题，既要顺应世界科学技术发展的潮流，遵循文化遗产保护的规律，又要紧密结合国情和国家文化遗产发展需求，选择符合我国实际的发展道路。而正确处理好"抢救性保护"与"预防性

保护”、“专业性研究”与“综合性研究”、“重要基础研究”与“重大专项研究”、“科学技术创新”与“成果推广转化”等方面的关系是文化遗产保护科学技术可持续发展的关键。

（一）抢救性保护与预防性保护

由于时序的单一方向性，见证某一阶段人类文明历程的文化遗产，其本身都具有不可再生性和不可替代性，而现代经济社会的快速发展又加剧了文化遗产损毁的速度和程度。文化遗产的多样性，以及毁损原因的复杂性，决定了文化遗产保护必须依靠科学技术的支撑。科学技术是文化遗产保护的基础，是最大限度延长文化遗产寿命的必要条件。文化遗产保护始终存在着各种难题，然而在发达国家，问题出现得较早，人们在解决这些矛盾和问题的努力中积累了较为丰富的经验，因此在文化遗产的保护、利用和管理上都取得了一定的科学成就，而大多数发展中国家，城市化起步较晚，文化、经济状况比较落后，在文化遗产保护方面有着不同于发达国家所面临的种种问题。如何根据具体情况，在不同的道路探索，愈来愈多地引起科学技术保护领域学者的重视。

科学技术保护面临的课题是文化遗产本身不可抗拒被毁坏的特质，而保护的目的就是延缓文化遗产的“衰老”过程。值得指出的是，自然环境的日益恶化和人类不断地开发建设与文化遗产保护的矛盾必然长期存在，人们面对不断变化的形势往往缺乏经验，矛盾经常变得异常尖锐。从认识论的观点来看，人们认识能力与预测能力总有不完善的地方，不可预见的因素也总是存在，因此，只能尽最大的努力不断从历史与现实中总结经验，寻找规律，指导实践；只能通过更深入的研究，力求更科学地预测未来，及时调整和完善保护的方式和方法，这正是文化遗产事业发展的总趋势。文化遗产保护科学技术属于文化与科技的结合，文化遗产资源是有限的，科学技术保护的手段则是无限多样的,科技工作者肩负着重要的历史使命，全社会也都负有保护文化遗产的责任，这些构成了文化遗产事业不断向前发展的基础。

实践证明，真正扭转文化遗产保护的被动局面，变被动为主动，就必须在大量科学研究成果的基础上向全面、规范的预防性保护转化。“预防性保护”是国际文化遗产保护的发展方向，是延长文化遗产寿命所必须研究的内容，也是更主动、更积极的保护。例如“阿嘎土”是藏式文物建筑屋顶和地面普遍采用的传统材料，但其抗水性能差，过去“年年打阿嘎，年年漏雨”。针对既要保持原材料的传统特色不变，又要提高“阿嘎土”的各项性能这一难题，科研人员用两年的时间研制出了“阿嘎土改性外加剂”配方，对“阿嘎土”进行了改性试验，大大提高了“阿嘎土”抗压强度、抗冻融性能及防水性能，并在布达拉宫、罗布林卡和萨迦寺等西藏重点文物维修工程中正式启用。这一经验表明，在文物建筑维修工程中，可以通过提高保护工程的科学技术含量，实现“预防性保护”的目标。

坚持“预防性保护”，必须将具体实际与宏观战略相结合，近期任务与中长期规划相结合。例如山西南部特别是晋东南地区，是我国元代及以前地面建筑保存最为丰富的地域，是我国早期木结构古建筑的宝库。据不完全统计，该地区早期木结构古建筑的保有量应不少于全国早期建筑总量的三分之一，涵盖了各个历史时期木结构古建筑的代表性作品。同时，包含在其中的建筑艺术、雕塑艺术、绘画艺术、宗教信仰、民间信奉等所蕴含的丰富文化信息，是我国独特的文化遗产。但是，目前大多数文物建筑由于年久失修，保护状况令人担忧。因此，国家文物部门启动了山西南部早期木结构古建筑的系统保护工程。根据规划，到2010年该地区绝大多数的早期建筑将得到有效保护，一些先进的科学技术手段和保护材料将得到应用，成为深化我国特色文物建筑保护理论的宝贵实践，对完善现有木结构古建筑保护的法律、法规、规章、工作程序、资质管理等提供有益借鉴，更有利于规范保护工程的宏观管理、规划、设计、施工、验收以及招投标、监理、工程审计等行为，建立科学保护的长效机制，实现“抢救性保护”与“预防性保护”的有机结合。

“预防性保护”是文化遗产保护科学技术研究的更高目标，而实施“预防性保护”应注重改善文化遗产生存环境质量及设施条件。着力解决环境控制水平低下、环境净化能力不足、环境监测技术欠缺等问题，有效控制温度、湿度、光照以及各种污染物、虫害、真菌等环境因素对文化遗产本体的损害程度和速度，优化保护环境指标，提高保护设施性能，同时避免因材料污染或使用不当对文化遗产造成的危害。文化遗产的不可再生性意味着对重要文化遗产的本体不能直接进行尝试，保护措施必须建立在确保文化遗产的长期安全的基础上，因此，保护技术研究需要大量的对比研究和试验。同时，应强化日常维护保养措施，注重对文化遗产本体的日常维修、日常养护等管理工作，严格执行定期检查和跟踪监测等预防性保护措施。

对于文化遗产来说，“预防性保护”是指对保存环境的控制和日常养护，为文化遗产提供一个稳定、安全、洁净的生存环境。目前迫切需要构建和落实文化遗产本体的日常养护长效机制，变被动保护为主动保护。文物保存环境综合研究，是以近20年收集的环境数据和相关保护信息为基础，在总结、对比和归纳分析的基础上，开展文物环境稳定性基础理论研究，建立适合文化遗产保存环境研究的微量污染气体采集、检测和分析的方法，研究掌握影响文化遗产保护的环境参数的综合特征、变化规律、反应机制和极限浓度等指标体系，建立相关数据库，提出评价保藏、包装和装饰材料的技术标准或规范，提出适宜文化遗产保护的环境标准和规范建议，研究开发相应的适用环境控制技术和材料。

近年开展的全国馆藏文物腐蚀损失专项调查，是新中国成立以来针对国有文物收藏单位，首次进行的此类科学技术基础专项调查，是文物博物馆领域采用信息技术手段，引进统计学原理，组织众多单位共同协作的大型专项调查项目。历时 3 年时间，通过系统内外近 5 000 名专业人员的共同努力，采用普查、重点调查、抽样调查、专题调查、访谈调查、抽样检查等多种调查方式，对全国各地 2 803 家国有文物收藏单位的 1 470 余万件（组）馆藏文物进行调查，基本掌握了我国国有馆藏文物的现状。调查结果表明，文物腐蚀损失状况相当严重。通过将经济参照系概念及测算方法引入馆藏文物管理领域，估算馆藏文物年经济损失价值，初步推定全国馆藏文物因腐蚀损失导致的年平均损失经济量约为 122 亿元，约占文物经济总量（83 491 亿元）的 1.5‰。

经过对上述馆藏文物腐蚀损失专项调查结果的系统分析研究，较为全面了解和准确掌握了全国国有文物收藏单位馆藏文物的腐蚀数据，基本掌握了馆藏文物腐蚀原因，初步建立健全了长效、动态的馆藏文物腐蚀损失调查机制；完成了馆藏文物及其腐蚀损失经济价值估算的数学模型的初步设计；切实加大馆藏文物分区分类指导力度，明确了馆藏文物保护的科学技术攻关目标和经费投入方向，探索出解决和改善馆藏文物腐蚀损失的各项主要对策与建议，为实施“预防性保护”奠定了重要基础。实施馆藏珍贵文物日常维护保养，是进行“预防性保护”的有效方式。濒危易损珍贵文物的腐蚀严重程度由低到高依次为竹木漆器、纺织品、纸质品、金属类文物，这些也是日常维护保养的重点。针对保存环境控制、库房建设、基础技术标准规范等诸多与馆藏文物保护有关的问题，应从“预防性保护”的科学理念入手，达到减缓馆藏文物腐蚀的速度，使文物得以长久保存。同时，应增加馆藏文物保护科研、保护修复、日常养护经费的投入。

当前，要全力推进“预防性保护”重点科学技术攻关，加强文化遗产保护基础研究，深入进行损失调查及原因分析，提高文化遗产科学管理和保护水平，强化文化遗产的保护力度，在石质文物防风化、铁质文物保护、土遗址保护、壁画岩画保护、文物保存环境控制、生物技术在文化遗产保护中的应用等方面，形成一批具有广泛推广价值的共性技术。例如加强保护修复科学技术应用基础研究，进行各类材质文化遗产在不同环境中的劣变原因及防治对策的研究；开展保存环境和保护修复材料工艺评价标准的研究，实施保存环境控制关键技术攻关，有效治理文化遗产保存环境；提高抢救性保护修复工程的科学技术含量，特别是保护修复重度腐蚀以上珍贵文物。当前，应用4S技术[①]对文化遗产及其背景环境实施监管的需求十分迫切。监管的主要内容是：历史建筑、古遗址、历史地区及其背景环境的保护情况；对可能危害文化遗产安全的各种因素进行评估与预测；实施公众参与监督，及时征集社会各界的意见、建议和举报，公开意见反馈和公众建议的采纳情况[②]。

① 朱晓东，汪祖进：《应用4S技术实施历史建筑、古遗址、历史地区及其背景环境的监管》，载《中国文物报》，2006-01。

② 注：4S技术即遥感技术（RS）、全球卫星定位系统（GPS）、地理信息系统（GIS）及信息管理系统（MIS）。

（二）专业性研究与综合性研究

多学科综合研究是科学发展的大趋势，尤其对于文化遗产保护更显重要。文化遗产的多样性决定了其保护领域必然涉及众多学科。同时，繁杂的文化遗产类别具有的复杂性状，又对科学技术提出了更高和更大规模的需求。“宏观的事物是相互联系的，因而反映这些事物规划的各门学科也是相互联系的，而非彼此孤立”。“但是，由于人类认识能力的局限性，只能从一个部分、一个方面、一个层次来认识，这个链条被人为地割断了。科学的进程表明，早期的科学研究也许只能这样，但是科学发展到今天，自然科学、社会科学、思维科学有了很大的发展，就有可能连接起来进行研究”[①]。今天，许多前沿学科领域必须以文化遗产样本作为研究对象。主要体现在时间尺度大、与人类关联因素密切的领域，如人—环境系统研究、环境变迁—自然灾害研究、人类和家畜进化研究、人—能源—环境系统研究等以及人类活动对文化遗产的破坏机理；文化遗产保护的支撑条件；文化遗产保护的人力资源；文化遗产保护的技术标准和操作规范；文化遗产信息系统；文化遗产的安全管理与应急系统等。

李政道教授曾经指出：“20 世纪的文明是微观的，我们认为 21 世纪微观与宏观应结合成一体。”[②]早在 20 世纪 90 年代初，吴良镛教授就针对加强城市研究中所涉及的社会结构的变革，以至由此推及城市物质空间的结构与形态的重构与发展的过程，倡导在“融贯的综合研究”的基础上进行研究[③]。这种理论框架并非一般意义

① 吴良镛：《人居环境科学导论》，101~102 页，北京，中国建筑工业出版社，2001。
② 李政道：《展望 21 世纪的科学发展前景》，载《21 世纪 100 个科学难点（导言）》，长春，吉林人民出版社，1998 年，转引自吴良镛：《人居环境科学导论》，102 页，北京，中国建筑工业出版社，2001。
③ 吴良镛：《北京旧城与菊儿胡同》，232 页，北京，中国建筑工业出版社，1994。

上的“跨学科”，而是以某一学科为中心，有目的地向外围展开，在有关科学中寻找结合点，以解决有关具体问题。这样，既可以扩大人们的知识领域，又比在目的不明确的情况下，一般地从多学科间的交叉来探索更为集中，因而有可能将学科的发展推向更高的层次。

当前，全社会对文化遗产保护的认识不断提高，参与范围不断扩大，跨学科合作渐成风气，例如在大遗址保护、世界文化遗产保护等众多文化遗产保护实践中，将环境、气象、地质、物理、生物、化学、旅游、农林等多种科学和技术综合运用，进行了广泛探索。同时，在文化遗产科学研究领域聚集了众多学科的专家学者，参与文化遗产保护的专业人员不但包括历史学、考古学、人类学、建筑学、城市规划学、园林学等领域的学者，也包括地理学、岩石学、水文学、地震学、矿物学、昆虫学、植物学等领域的学者，还包括社会学、经济学、档案学、统计学等领域的学者以及文物建筑修缮、文物修复、文物鉴定等领域的专家。由此可以看出，文化遗产保护是一项复杂的巨系统工程，需要众多学科之间的通力合作。

今天，文化遗产保护科学技术已经逐步呈现基础研究与应用技术并重、高新技术与传统工艺结合、学科交叉和技术集成相辅的发展趋势。例如“中国古代发明与创造的价值挖掘与展示”专项研究，属于文化遗产领域重要的基础和应用研究。该项目以实证我国古代重大发明创造的文化遗产为工作对象，组织跨学科、跨领域、跨部门的力量，利用现代科学技术，开展农业、水利、交通、营造、制造、纺织等领域的系列文化遗产专项调查；采用文献学方法、考古学方法、实验室方法、工程模拟方法、国际对比方法，多学科交叉渗透、多重证据相互印证的方法，以及系统综合方法，开展古代发明创造的整理与研究，力求从宏观上把握中华民族数千年间发明创造的概况和特点，重点解决我国在考古和博物馆科学技术方面尚不能科学和有效地诠释、展示我国古代发明创造的突出问题，树立我国古代发明创造的科学地位，深入挖掘实证我国古代发明与创造的历史价值、艺术价值和科学价值，全面提升文化遗产保护研究、展示传播的整体水平。

文化遗产的存在是保护事业发展的基础，因此文化遗产保护科学技术研究和应用必须具有高度严谨性。今天，文化遗产在经历了漫长的时间洗礼后，已经产生了多种问题，其形成机理也非常复杂。例如云冈石窟目前就存在颜料层脱落、石雕表面风化、层状剥落、盐析、岩体裂隙以及风尘污染、水害等问题，这些问题的解决不能割裂开来，必须将关联的问题联系起来进行系统研究，提出“综合性研究”方案。这种特点要求文化遗产保护从开始就必须做好周密的顶层研究计划，综合多种技术解析问题根源，对一些共性的重点科学技术问题开展有针对性的深入研究。同时，提倡文化遗产研究中加强多学科交叉和技术集成，鼓励原创性研究和关键技术创新，鼓励行业内外参与以文化遗产保护需求为引导的科学技术研究。

随着文化遗产保护新的概念的兴起和扩大，传统保护方法变得无法适应，需要传统方法的改进和更多学科的参与，需要集多学科联合力量聚焦攻克文化遗产保护难题。人文社会科学、自然科学需要进一步融合，打破传统研究的学科壁垒和条块分割局面，坚持“不求所有，但求所用”，建立和完善开放、流动、竞争、协调的科学技术发展运行机制。集中国内优势资源、建立共享平台，促进国家与地方的科学技术力量有机整合，发挥高等院校、科研机构的重要作用，充分调动全社会一切可以利用的优秀科学技术资源为手段，组合优势资源形成强势科学技术团体联合攻关，协同解决文化遗产保护的关键技术问题。按照《2004—2010 年国家科技基础条件平台建设纲要》，建设适应文化遗产保护科学技术创新和事业发展的基础条件支撑环境。

文化遗产的多样性以及文化遗产毁损原因的复杂性，决定了文化遗产保护科学技术研究必然是一个多学科交叉、自然科学与人文社会科学融合、基础研究与应用研究交互展开的大跨度交叉和高度综合的集成体。要完善科学技术资源配置方式，促进科学技术资源开放和共享,形成广泛的多层次的创新合作机制,建立健全绩效优先、鼓励创新、协同发展的资源分配机制和评价机制。要建立竞争机制，坚持国家文化遗产保护科学技术计划对全社会开放，支持和鼓励国内有条件的各类科学研究机构平等参与承担国家重大计划和项目。要加强文化遗产保护科学技术基础条件平台建设，加强对重要技术标准制定的指导协调。针对当前存在问题，迫切需要通过科研体制机制的创新，积极推进人才队伍的建设，加强多学科交叉、技术集成的联合攻关，尽快形成科学技术对文化遗产保护的全面支撑。建立以国家力量为主导、社会各界积极参与的新格局，已经成为实现文化遗产保护科学技术快速发展的重要途径。

近年来，在国家科学技术支撑计划重点项目课题的申报工作中，由于引入竞争机制，调动了行业科研人员的积极性，共吸引了系统内外 109 家科研单位、1 138 名科研人员的积极参与。通过“公开申报、择优选择”，最终确定 60 家科研机构、697 名科研人员参与 15 个课题的研究。随着课题的深入开展，将有效促进社会优质科学技术资源与文化遗产保护领域的融合，形成若干文化遗产保护科学技术创新团队，提高行业的可持续创新能力。例如“863”计划中“考古遥感和地球物理综合探测技术”课题，是由5家科研单位、高等院校的20余位专家共同参与研究，专家们将22种先进的遥感、物探方法技术与传统的“洛阳铲”结合起来，获得了大量来自地下的信息，通过对各种方法取得数据的精细处理、验证和综合研究，获得了有关秦始皇陵地宫的若干新认识。该课题是遥感和地球物理综合探测技术成功应用于考古的范例，在揭开秦始皇陵神秘面纱的同时，该项目的成果也为考古研究提供了新技术、新方法。

目前，以国家力量为主导、社会各界积极参与的文化遗产保护科学技术发展新格局正在形成。过去由文物系统内部开展的文化遗产保护科研课题立项工作，转向全社会开放，为更多的科学技术人员参与研究提供了条件。例如黄山是世界文化与自然双重遗产。针对黄山世界遗产地保护、管理工作的重点和难点，注重与科研单位和高等院校的合作，运用科技手段，提升保护和管理的水平，建立了信息化、数字化的黄山世界遗产地规划管理卫星遥感监测信息系统；与中国科技大学等高等院校合作开发运用“计算机图像防火报警系统”；与安徽农业大学合作完成黄山风景区监测预防松线材虫研究课题，并运用生物隔离手段，建设一条宽4公里、长100公里的非松树林保护带，彻底截断了松线材虫自然传播渠道；与安徽省环境监测中心合作进行黄山风景区环境质量评估与可持续发展战略研究，建立了风景区环境质量量化指标体系。实践证明，通过鼓励各有关科研机构、高等院校开展区域性、专题性的科学研究，可以有效发挥科学技术支撑和辐射、带动作用。

今天，需要进一步扩大文化遗产保护领域科学技术的国际交流，支持并鼓励多种形式的国际合作。充分利用多种渠道，有针对性地引进国外先进管理经验、技术、人才、设备、资金，吸纳国际优质科学技术资源，从文化遗产研究的普遍准则和规律出发、从文化遗产的特性着眼、从我国文化遗产现状和突出问题入手、充分借鉴发达国家的成功经验，紧扣和正视我国具体国情，既使成果具有全局性、前瞻性和创新性，又具有较强的现实性和可操作性，推动我国文化遗产保护水平整体发展。2004 年在苏州召开的世界遗产委员会第 28 届会议和 2005 年在西安召开的国际古迹遗址理事会第 15 届会议，进一步提高了国际科学技术人员参与我国文化遗产保护的愿望和热情。与美国、德国、意大利、日本、法国、澳大利亚等 30 余个国家和地区，在文物保护修复培训、区域考古调查、石窟壁画保护、大遗址保护等领域的交流与合作取得新的进展，使我国文化遗产保护科学技术水平获得提高。同时，通过积极响应并参与国际重大文化遗产保护行动，认真做好文化遗产保护援外工程中的科学技术工作，为保护人类共同遗产作出贡献。总之，未来应从经济、政治、文化、社会等多角度认识和发展文化遗产保护的国际合作。

（三）重要基础研究与重大专项研究

我国的文化遗产保护数量巨大，而且现状相当严峻。对于科学技术的要求既十分紧迫，又具有多样性。从现代理念出发，所有的文化遗产都应当加以保护，而从现实情况出发，面对有限的资源配置，则必须按照轻重缓急进行规划，使这些文化遗产资源最大限度地得到妥善保护，并发挥出特殊效用。实践表明，文化遗产具有极其特殊的属性，这些特殊性构成了这一领域独特的学科链和逻辑关系，其保护工程应该建立在扎实可靠的研究基础之上。没有基础研究，保护则可能意味着破坏。在科学技术成果的选择和实施中必须坚持严肃、谨慎的态度，坚决阻止那些落后的和不成熟的技术进入文化遗产保护领域。为此，需要实行文化遗产保护技术、方法、材料、产品的准入制度和专家论证制度。例如在科学技术保护不成熟的情况下，不应对古代墓葬，特别是帝王陵寝、贵族墓葬进行主动考古发掘，其原因特别体现在对丝绸、纸质等有机质地文物的保护上。以往的教训是，在保护科学技术不成熟的情况下，常常是墓室一经打开，那些鲜艳异常的有机质地的文物就在瞬间被氧化变为灰烬。

当前，应特别加强文化遗产保护的重要基础研究，包括对文化遗产的属性与价值研究、文化遗产的真实性和完整性研究、文化遗产的重要性与代表性研究、文化遗产的材料与工艺研究等。例如 20 世纪初，在敦煌莫高窟藏经洞出土的 5 万多件古代文献，可以说是上个世纪我国最重要的发现之一。这批古代文献虽以佛教典籍为多，也保存了大量社会历史文献，对研究我国古代政治、经济、军事、宗教、民族、历史、社会、民俗、语言、文学、音乐、舞蹈、科学技术以及东西方交流等都具有十分重要的参考价值。长期以来，与敦煌莫高窟所蕴藏的丰富文化相比，人们对这些珍贵文献的了解甚少，很多具有重要价值的资料未能得到充分的研究和利用。敦煌研究院长期坚持自然科学和人文社会科学的综合研究。一方面，通过自然科学的多学科结合，开展对莫高窟的调查、监测、分析、加固、修复、研究等工作，在壁画保护、石窟以及土遗址加固、修复材料研制等方面取得许多成就。另一方面，通过人文社会科学的多学科结合，开展敦煌石窟和敦煌文献的研究，对其内容、时代、历史、地理、艺术、科技、佛教史进行全方位研究，对其所承载的信息和价值进行调查、整理、考证、解读，经过数十年的不懈努力，成果丰硕，为"敦煌学"研究和传统文化的弘扬作出了积极贡献。

作为加强文化遗产保护重要基础研究的关键环节，应积极组织文化遗产保护关键技术联合攻关，例如以无损、微损为代表的现代分析技术研究，材料科学、环境科学和生命科学的应用基础研究等。提高文化遗产的考古发掘、科学管理和保护的水平，推进现代分析检测技术的应用，加强损失调查及原因分析，强化文化遗产的保护力度。特别是在考古发掘现场文物保护、石质文物防风化、铁质文物保护、土遗址保护、壁画岩画保护、文物保存环境控制、生物技术在文化遗产保护中的应用等方面，力争形成一批具有广泛推广价值的共性技术。同时，推动文化遗产保护行业标准建设，启动标准化工作，开展技术标准研究，实现文化遗产保护、研究、利用和管理等方面的质量与安全的技术控制。构建文化遗产保护领域的基础标准、管理标准和作业标准。实施技术标准战略，建立我国技术标准体系，开展与重要技术标准相关的基础检测手段、方法和计量标准研究，推动地方、行业的技术标准试点工作，改变我国在文化遗产保护标准化领域所处的弱势地位。

保护文化遗产只有依靠科学技术才能取得突破性成就，才能实现跨越式发展。例如自然科学引入考古学领域之后，引发考古学研究范围、技术方法各个环节的进步，航空考古、水下考古、农业考古、环境考古、DNA 考古等新技术的运用取得众多科技成果，多学科的交叉配合，使考古文化研究、考古实践取得了前所未有的成就，在多方面发挥出巨大作用。一是扩展了以往考古学研究中未曾涉及或者曾被忽视的领域。例如借助地学、植物学、动物学的研究，恢复古代人类的生存环境；进行体质人类学研究及对古代人骨进行化学分析，获得他们的遗传因子和食物结构；应用多种物理、化学分析技术，研究文化遗址中出土的石器、陶器和金属器，确认不同时期古代人类的生产工艺水平和原料产地等。二是提高了考古学研究的效率及精确度。例如在田野考古调查中，利用遥感技术、探地雷达以及地理信息系统处理资料，提取信息。在考古发掘中，借助全球定位系统、电子全站仪等，建立发掘工地的统一测绘坐标系统，采集发掘记录数据。同时，利用计算机数据管理系统进行综合分析，使出土文献整理和考古研究报告及时高质量完成。“我们已经强调过，整个一部考古学史，就是一个不断拓展研究领域的历史。在这一过程中，新问题的提出和对新的研究方法的获取，较之田野中的考古新发现，更加重要。考古事业的发展与进步，关键取决于我们学会如何提出恰当的问题，并寻求切实有效的方法对这些问题加以解答”①。

发展有我国特色的文化遗产保护科学技术，必须坚持加强传统工艺的发掘、整理、总结，与现代科学技术相结合；坚持以应用带动基础研究，促进科学技术成果推广，提升文化遗产保护科学技术含量；坚持适度布局前瞻性基础研究工作，促进保护科学技术的可持续发展；坚持重点解决文化遗产保护中的关键瓶颈技术问题以及抢救性保护问题，全面带动文化遗产保护水平的整体提升。同时，注重基本规律、理论和方法的研究，注重方针、政策、规划、制度、标准的研究以及注重项目管理等软科学研究。总结近年来全国重点文物保护单位记录档案备案、建立国家一级珍贵文物藏品档案以及“文物调查及数据库管理系统建设”等重大专项的经验，进一步重视系统掌握文化遗产总体资源的重要基础研究。制定和完善相关法律法规，为文化遗产保护科学技术创新和进步创造良好的政策保障。

要根据世界科学技术发展的趋势和文化遗产保护的紧迫需求，对我国文化遗产保护科学技术发展作出总体部署，统筹当前和长远，

① [英]科林·伦福儒，保罗·巴恩：《考古学：理论、方法与实践》，中国社会科学院考古研究所，译，503页，北京，文物出版社，2004。

把握科学技术发展的战略重点，确定若干重点领域，抓住一批重大关键技术，实施若干重大专项，建设一批科研基地，培育大批科学技术人才。要在统筹安排、整体推进的基础上，把在文化遗产保护中亟待科学技术提供支撑的方面作为重点领域，把在重点领域中亟须发展、任务明确、技术基础较好、近期能够突破的技术群作为优先主题，列入国家科学技术支撑计划的重点项目，加快突破瓶颈制约，掌握关键技术和共性技术，解决重大科学技术问题。例如中华文明探源工程，是以距今约5 000年前的文化及自然历史遗存为重点，开展我国这一重要历史时段文化遗产的综合研究。以田野考古调查为基础，在已有考古学成果特别是区系类型学说的指导下，进一步扩大和加深各部门、各学科、各地域之间的交流与合作，分析各考古学文化遗存的发展脉络及相互关系，应用高新技术手段，强化和整合遗存信息的提取、分析与解读。

当前，要紧密围绕文化遗产的抢救、保护、管理与利用等主要环节，将技术研发、人才培养、基地建设、装备升级、体制机制创新等五个方面进行统筹考虑，以当前文化遗产保护的重大需求为导向，以重点解决文化遗产保护科学技术的热点、难点和瓶颈问题为核心，以重大文化遗产保护科学技术计划为载体，积极推动文化遗产保护科学技术工作的理论创新和体制创新。例如重大文化遗产地及大遗址综合保护研究，是以大规模区域和线性遗产地为保护研究对象，从解决建设性破坏、盗掘等突出问题出发，研究综合性、预防性保护的科学理念，积极开展以考古学及有关人文科学为代表的基础研究，有效支撑文化遗产的调查与评估，推动重大文化遗产地及大遗址的综合性保护。并通过选择西安片区、洛阳片区等重点区域，启动并规划实施科学技术示范工程。

同时，应着力凝聚若干重大科学技术专项，为文化遗产保护科学技术实现重点突破，带动整体提高的发展目标提供难得的契机。例如大运河遗址保护综合研究，是以大运河历史遗存的综合保护为研究对象，在对不同历史时期的运河主干道遗迹的田野考古调查基础上，对保护现状和损失情况进行初步评估，建立档案与信息库。同时运用现代科学技术手段，针对难点、重点问题，研究编制包括保存、研究、修复、利用、展示等相关内容的总体规划和重点措施方案。再例如中国木结构古建筑保护的综合研究，是以世界现存最高的木结构古建筑应县木塔为主要对象，结合传统和现代勘察检测技术，对古建筑的整体结构和构件作全面细致的科学测试、分析，构建符合实际状态的数学模型，进行结构形态分析和评价，确定结构和构件损坏形成原因，建立木结构古建筑结构、构件及其保护技术的科学评测方法。针对结构和构件损坏原因，利用高新技术，攻克木结构古建筑保护中的技术难关，建立我国木结构古建筑保护的基本程序，建立相关规范或技术标准。

（四）科学技术创新与成果推广转化

保护祖国珍贵的文化遗存，保护全人类的文化财富，所追求的主要是文化遗产的社会效益。因此，支持和发展文化遗产的科学研究和技术保护应该是国家行为，即由国家保障必要的人力、物力和财力，根据文化遗产保护中提出的问题设立和制定相应的研究课题和工程课题，由政府科学技术主管部门与国家文物部门研究机构一起，制订研究规划和课题计划，有组织地加以实施。加强和推动文化遗产保护学科的发展，必须建立起科学技术创新体系，并成为国家创新体系不可或缺的组成部分。建立科学技术创新体系，对于形成文化遗产保护机构之间的创新合作关系，形成保护部门、科研机构和高等院校的创新合作联系，形成政府在科学技术创新中的政策引导作用，形成各部门、各地区在工作职能上的协调一致和集成作用，形成科学技术不断促进文化遗产保护、社会不断增加科学技术投入的良好机制，都具有极其重要的战略意义。

今天，文化遗产保护科学技术的应用研究范围极其广阔，既包括各类文化遗产的调查技术，如田野考古技术、航天遥感技术、水下考古技术、年代测定技术、材料分析技术等，也包括各类文化遗产的保存修复技术，如病害分析技术、环境监测技术、建筑工程技术以及计算机信息技术，等等，其范围和内容渗透于基础、应用、软科学研究的各个方面。文化遗产的科学技术保护具有时间与环境属性，前者确定了文化遗产随着时间的变化形状也发生变化，而且以后还必然会发生变化，探究文化遗产的原本形状及其随时间变化的过程与机理，确定合适的时间坐标作为保护的基准，不仅在观念上是复杂的课题，在具体操作上，也需要多样本的时效研究；后者决定了此地某些成功的技术，未必适用于彼地甚至效果相反。那些人类历史的遗迹，是特定历史条件下的产物，是过去时代的物证，是人类集体记忆的凭证，面对它们就如同直接面对历史，充满对未来的憧憬，这种真切的感受是任何其他媒介都无法替代的。当代科学技术发展迅速，但是科学技术手段不能再造文化遗产，也无法提升文化遗产的价值。因此，文化遗产保护必须坚持真实性与完整性的原则。

现代科学技术的迅猛发展，为文化遗产保护科学技术的进步与发展提供了强有力的支撑，依靠科学技术的进步保护文化遗产成为国际大趋势，高科技手段已在我国的文化遗产保护中发挥了巨大作用。例如在乐山大佛的保护中，专家利用超声、地勘测等科学技术手段进行检查，对大佛进行危岩加固和涂料选择；在天坛的重点部位，安装了电视监控、报警系统、电子导游等设施；秦始皇兵马俑保护中利用现代科学技术找到了有效的彩绘保护方法，解决了以生漆为底层的彩绘陶质文物保护的世界性技术难题；随着国内外治沙科研机构、保护组织的积极参与和新技术、新成果的不断引入，通过几十年反复治理试验，莫高窟风沙防治取得了显著成效。尼龙网栅栏防沙体系、窟顶灌木林带、草方格固沙等技术的采用，有效阻断了沙源，起到良好的保护效果。新的野外监测和风洞模型试验表明，目前进入窟区积沙已经减少了90%。

当前，要紧密结合国家科学技术创新体制改革，以全面推进文化遗产保护科学技术整体创新能力为目标，进一步优化科学技术结构布局，充分激发全社会的创新活力，优化社会资源配置，加快科学技术成果向生产力转化。近年来，根据新时期文化遗产保护和科学技术工作的特点，积极进行体制以及机制创新的尝试，通过组建国家文化遗产研究院、设立行业重点科研基地等一系列举措，建设决策科学化、管理制度化、资源社会化的科学技术管理体制，构建面向世界、引领未来的文化遗产保护科学技术体系，带动保护科学技术工作的有效提升。同时，统筹考虑科学研究、人才队伍建设和管理机制创新等问题，力求突破行业科研存在已久的机制性障碍。根据“开放、流动、联合、竞争”的管理原则，先后设立了古代壁画保护、陶质彩绘文物保护、出土木漆器保护、馆藏文物保存环境、砖石质文物保护和文化遗产保护规划等六家行业重点科研基地，有效整合这些专项研究领域的科学技术资源，促使创新团队的迅速形成，经过一段时间运行，这些科研基地已经在相关领域取得了可喜的成绩。

文化遗产保护科学技术成果的推广转化，是文化遗产保护依靠科学技术进步的关键环节，是加快抢救、保护文化遗产的主要途径。但是，科学技术成果转化是一个复杂的系统工程，涉及多方面的问题及因素，而且各种问题相互交错，各种因素相互影响，物质技术要素以及环境与条件等都影响着科学技术成果向生产力转化。为此，必须积极构建文化遗产保护科学技术基础条件平台，建成适应科学技术创新和事业发展的基础条件支撑环境，努力将科学技术成果推广转化水平整体提升到新的高度，形成一批具有引领、示范、应用作用的，真正能促进文化遗产保护科学技术进步的科研成果。同时要建立起与保护科学技术成果推广要求相适应的政策规章体系；整合国家级科研机构、地方科研单位和有关高等院校的科研基础资源；建设包括人文社会科学、自然科学、技术科学在内的一批行业重点科研基地及流动实验室；形成集国家级文化遗产保护科研机构、行业重点科研基地以及文物博物馆等相关科研部门构成的三个层次的科学技术创新及成果推广体系。

科学技术人员是科学技术成果的创造者，又是科学技术成果的推广者，因此，充分发挥科学技术人员的积极性，是科学技术成果转化的关键所在。应加强科学技术信息服务能力，初步建立试验基地与大型科学仪器设备、标本资源、科学数据、科学技术文献、成果转化公共服务以及科学技术网络环境等六大共享平台，为广大文化遗产保护科研人员提供更加开放、高度共享的科学技术资源，进一步提升科学技术投入与产出效益，促进先进、适用的科学技术成果的及时推广和转化。

当前，在文化遗产的社会宣传教育方面，有效借鉴和利用现代科学技术和方法不够，展示缺乏影响力和感召力。在研究方法与技术运用方面，由于种种局限，我国古代发明创造遗产的研究，主要采用的是文献考证、考古、试验等传统方法，很少有效借鉴当代科学技术成果开展研究，如系统论方法、电子技术、计算机技术、卫星定位技术、航测技术、遥感技术等。在已有研究成果的展示方面，我国依然以纸质传媒、博物馆文物实体展陈为主要方法，在运用电子读物、影视、数字、虚拟、互联网等现代传媒技术和手段上还远远不够，受众面不广，互动性不强。近年来，“文化遗产保护领域科技平台”的开通，推动了科学技术信息交流，得到了社会各界的积极参与，提升了课题管理水平，推动了成果共享。

应重视我国文化遗产数据库建设，以科学技术创新带动事业的新发展。“数字时代”的来临，为科学技术人员科学保护好文化遗产、深入挖掘其人文价值带来了新的契机。以电子信息技术为载体，可以使有关文化遗产的数据实现永久保存、升级扩容，突破民族语言的障碍，与世界建立更加广泛的联系。通过将网络技术与文化遗产资源嫁接，可以更加广泛地揭示其潜在的综合价值。例如历经千年沧桑的敦煌莫高窟，在自然侵蚀、人为破坏等因素影响下，正在一天天地“衰老”。为此，敦煌博物院决定实施“数字敦煌”工程，将洞窟、壁画、彩塑及世界各地的敦煌文献、研究成果、相关资料等，全部进行数字处理，建立数据库。“数字敦煌”的实施，将敦煌艺术永久地保存下去，同时，也通过网络，实现敦煌的虚拟再现。今天，作为国家科学技术发展战略，“把数字技术文化遗产化”和“把文化遗产资源数字化”，是文化遗产保护面临的紧迫任务。创建“中国文化遗产数据库”，创立“数字中国文化遗产”新体系，内容包括文化遗产资源的存储系统、查询系统、交换系统和创新编辑系统以及包括公益性信息平台、学术研究平台、项目合作平台和教育及各种活动平台。建立高科学技术的、高效率的、高效益的运转体系，将使我国文化遗产事业推向一个新的发展阶段。

文化遗产的科学研究和技术保护是国家公益性事业的重要组成部分，是国家科学技术创新体系中的一个重要领域，具有不可忽视的边际效益。今天科学技术工作在国家文化遗产事业中占有重要地位，是长期发展的动力和基础。大力发展科学技术，依靠科学技术进步提高整体水平，是发展我国文化遗产事业的艰巨而紧迫的任务。因此，必须下更大的气力，作出更大的努力，进一步深化科学技术改革，大力推进科学技术进步和创新。要经过不懈努力使我国文化遗产保护工作具有战略性、全局性、前瞻性和可操作性，不断做到理论有创新、政策有突破、实践有建树、学科有发展，促进保护科学技术水平的整体提高，全面支撑和引领文化遗产保护事业的发展。

关于推进“中华文明探源工程”实施和成果转化[1]

（2009 年 3 月 5 日）

中国是世界四大文明古国之一，中华文明是唯一连绵不断、延续至今的悠久文明，探寻中华文明的起源和早期发展道路，是为中华民族“书写家谱”，是弘扬中华文化，增强我国国际影响力的重大举措，不仅对中华民族历史文化研究具有重要意义，而且对加强国家文化安全能力建设，增强民族自信心和凝聚力，推动文化发展繁荣，提高国家文化软实力，实现全面建设小康社会奋斗目标具有重要意义。

与世界其他文明相比，因受文献资料和科技手段等多种因素的制约，我国关于中华文明起源及早期发展的研究相对薄弱。为了探明中华文明的起源与早期发展历程，探索中华文明产生的背景和历史脉络，认识中华文明的特征以及对人类文明史产生的重大影响，“十五”期间，科技部门、文物部门先后组织实施了“中华文明探源工程预研究”和“中华文明探源工程（一）”，对中原地区公元前 2500 年至商周时期考古学文化谱系进行了系统梳理，基本建立起了中原各地文明形成与早期发展过程的时空框架。“十一五”期间，又设立了“中华文明探源工程（二）”，通过广大科技人员的自主创新、积极探索，应用现代科学技术手段和最新科技研究成果，将

① 此文为在全国政协十一届二次会议上的书面发言。

历史学、考古学、动物学、植物学、体质人类学和空间技术、冶金技术、DNA 分析技术等多学科充分结合，深入开展研究，使得科学研究水平不断提高。

在社会科学和自然科学领域的科技工作者的共同努力下，目前，中华文明探源工程取得了丰硕成果，获得了一系列重大学术突破。例如通过对碳十四测年技术的改进，提高了测年的准确度，使我国的碳十四测年技术步入国际领先行列，并提出了新的谱系年代框架；论证了在全新世气候适宜期环境中，文明起源与早期发展阶段中华文明在中原地区的持续发展；利用古 DNA、稳定同位素分析等技术方法和手段，对农业、家畜饲养、冶金术、陶制品、生产工具和玉器等技术与经济要素进行了深入分析，探讨了经济、技术与中华文明演进的关系；通过环境变化、社会生产、聚落形态，以及精神文化等多个角度研究，得出了在此期间中华文明由各地区多元并进到中原崛起的结论，初步阐述了这一复杂进程。

中华文明探源工程在取得丰硕研究成果的同时，在人才培养和创新团队建设方面也取得了优异成绩。依托项目的实施培养了 43 名博士、硕士研究生，优化了科研团队。一批海外留学的知名学者也因为项目的开展，回国任教和参与研究工作。中华文明探源工程在管理体制和机制方面也进行了积极探索，营造了“公平、公正、公开”的良好科研环境。统筹国内外优质科技资源，建立了面向国内外的战略协作机制；整合了国内中国社会科学院、中国科学院、北京大学、北京科技大学等 17 家主要科研机构，组成了跨学科、跨领域、跨部门、跨行业的研究团队；也吸引了世界知名大学的多位著名学者参与研究，使得探源工程的学术研究和技术方法更具国际性，提高了学术成果的国际影响力和认同度。为加强项目的执行管理力度，强化过程管理，国家文物局探索性地建立了第三方咨询评估监督制度，委托有关单位承担第三方咨询评估工作，既吸引又团结了一批相关学科领域的科研人员对中华文明探源工程予以支持和关注，提高了项目的科学管理水平，保证了项目的有效实施。

中华文明探源工程是社会科学和自然科学研究的大型合作工程，既是一项国家重大基础科学研究项目，也是有现实意义的一项国家战略科学研究工程。为进一步推进和深化中华文明探源工程的研究以及提升在社会诸多方面的影响，特提出两点建议。

一是要继续加强多学科合作研究模式，强调自然科学与社会科学紧密结合，扩大现代科学技术的引进和应用范围，围绕反映中华文明形成与早期发展的重要遗址、遗迹开展集成研究，使考古资料、文献印证等得到科学、系统的揭示，稳步推进中华文明探源工程的实施。

二是要努力做好中华文明探源工程已有成果的转化与普及工作，组织有关单位进行成果的梳理与提炼，通过编制科普读物、拍摄系列专题片、举办专题展览、将研究成果编入历史教科书等方式，利用现代媒体、博物馆展示等手段，宣传推广最新研究成果，充分发挥其在弘扬民族精神，进行爱国主义教育等方面的积极作用。

北京大学“人类遗产的诠释——共享与传播”论坛

实现中国古代发明创造的价值挖掘与展示[1]

（2009 年 3 月 5 日）

我国 5 000 多年的文明史，曾创造并留存下来大量的珍贵文化遗产，这些文化遗产是中华文明的重要载体，是中华文明延续发展的历史见证，是祖先留下的宝贵的物质和精神财富，蕴含着各个时期中华民族的历史、艺术、人文和科学价值，凝聚着中华民族的智慧成果，是民族生命力和创造力的具体体现，是增强民族自信心和自豪感的重要动力，是继承和弘扬历史经验与启示，实现新时期中华民族伟大复兴的重要方面，是维系民族情感的精神纽带和重要桥梁。深入挖掘、整理和研究这些文化遗产所蕴藏的重要价值，充分展示我国古代发明创造，探究其形成的历史渊源和背景，对于继承和弘扬民族创新精神，形成符合时代要求的具有中国特色的创新文化，动员亿万民众增强自主创新能力，以及维护世界文化多元化和国家文化安全都有着重要作用。

长期以来，由于对我国古代发明创造在人类进步和社会发展中的作用和地位认识不够，尚未系统地开展古代发明创造的调查整理、研究展示和抢救传承工作，具体体现在对实证我国重要古代发明创造的文化遗产缺乏系统的整理和共享，对我国重要古代发明创造的产生、发展及其地位等诠释不清，对我国古代发明创造与实施科技

① 此文为在全国政协十一届二次会议上的书面发言。

创新战略的关系研究不足，对在博物馆有效展示、传播我国古代发明创造的技术手段研发相对滞后等诸多方面。

为了探明中国古代发明创造的起源、发展脉络及其蕴含的价值、深刻的历史经验和启示，科学揭示中华民族自古以来非凡的生命力和创造力及其源泉，2005 年，国家文物部门提出了系统开展实证中国古代发明创造的文化遗产的价值挖掘与展示专项的构想。在有关部门的大力支持和帮助下，设立了研究专项，并将其命名为“指南针计划——中国古代发明创造的价值挖掘与展示”。

北京大学“指南针计划进大学校园”项目启动仪式

“指南针计划”包含文化遗产、科学技术、国民教育等诸多方面，以实证我国古代重大发明创造的文化遗产为工作对象，通过组织跨学科、跨领域、跨部门的力量，利用现代科学技术，采用多学科交叉渗透、多重证据相互印证的系统综合方法，整理与研究实证中国古代发明创造的文化遗产，开展博物馆的展示理论、技术的研究与示范工作，并深入探讨古代发明创造产生的内在规律，为建设创新型国家，发展创新文化提出建议与措施。“指南针计划”由农业、水利、矿冶、轻工、纺织、食品、营造、人居环境、交通、机械与仪器、军事技术、医疗技术、文化传播及数字化展示等14个主体类项目，以及总体战略规划研究、专项调查、建章立制、机构建设、基础数据库及门户网站建设、教育与培训、展览展示、学术交流、舆论宣传等9个基础类项目，共计19个项目组成，各项目之间相互关联，互为支撑。

2006年以来，“指南针计划”完成了农业、人居环境、材料加工、纺织、医学及诊治保健器材、水利工程、数字化展示等7个主体类项目的分专项规划及实施方案的编制工作，明确了各分专项实施的工作思路、主要任务、保障措施及经费投入测算，确定了项目实施的体系框架。同时，选择了一批国内研究基础较好、文物史料丰富的古代发明创造，围绕青铜器、陶瓷、纺织品、水利工程、盐业、营造和人居环境、造纸印刷等7个领域，从重点研究、科普教育、展览展示、学术交流等方面开展试点工作。通过试点项目的实施，探索了中国古代发明创造的调查方式、评估方法、展示手段和科普途径，揭示了部分古代发明与创造的产生背景、工艺原理和技术发展脉络，促进了考古学、博物馆学与科技史、专门史等学科的交叉融合，为全面实施“指南针计划”提供了宝贵的经验，并形成一批重要的研究成果。

2008北京奥运会期间，国家文物局和中国科协依托“指南针计划”试点项目研究成果，在中国科学技术馆举办了“奇迹天工——中国古代发明创造文物展”，充分展示了我国古代在青铜铸造、造纸印刷、丝绸染织、瓷器制作等方面的伟大成就，受到社会各界及国际友人的高度赞扬。2009年，国家有关部门和单位，联合成立“指南针计划”领导小组，通过建立有效工作机制，研究制定相关政策和规定，营造良好社会氛围，全面推动和切实保障“指南针计划”的顺利实施。

“指南针计划”的实施，是弘扬民族文化、振奋民族精神的重要战略举措，是自主创新发展战略的有机组成部分，是促进文化遗产保护领域整体发展的时代要求，应进一步加大支持和保障力度。

一是由国家财政设立重大专项，对承载中国古代发明创造的文化遗产进行专项调查登记和系统研究；充分利用现代科学技术和多学科交叉融合的方式，将文化遗产的基础性工作向广度、深度扩展；以文化遗产为实证，紧密结合最新的科研成果，推出若干古代发明创造专题的博物馆展览展示；利用各种媒介如图书、影像、网络等进行科普文化宣传；抢救保护古代发明创造涉及的濒危传统工艺和工程技术。

二是全国高等院校、科研院所的科研工作者积极参与到“指南针计划”中来，建立跨学科、跨领域、跨部门、跨行业的科研合作模式，深入挖掘实证我国古代发明创造的文化遗产的科学价值，为树立中国古代发明创造的科学地位，全面提升文化遗产保护研究、展示传播的整体水平，弘扬祖国优秀传统文化，增进全社会对祖国古代科技成就的认知，提高国民文化、科学素质，建设创新型国家和构建和谐社会贡献力量。

关于推进文化遗产保护技术标准国际化进程的提案[①]

（2009 年 3 月）

随着经济全球化和国际交流的不断加强，各国之间综合国力的竞争向多领域扩张。发达国家进行的文化渗透，引发了国家意识形态和民族文化生存的竞争，深刻影响着国家的文化安全。标准国际化战略对于提高国际竞争力具有不可替代的作用，已经越来越受到各国和地区的重视。我国作为文化遗产大国，推动具有中国特色的文化遗产保护技术标准国际化，是我国实施标准化战略和加强文化遗产保护的重要举措，对于弘扬中华民族的优秀传统文化，维护文化多样性，增强国家文化软实力，提高国际话语权具有重要意义。

标准化是国民经济和社会发展的重要基础和保障，是加强自主创新知识产权保护的有力措施，标准战略已成为新时期国家科技工作三大战略之一。胡锦涛总书记在建设创新型国家的重要讲话中明确指出："要加强重要技术标准的指导和协调。"《国民经济和社会发展第十一个五年规划纲要》中多处提到要完善技术标准体系，大力推进标准化工作。《国家中长期科学和技术发展规划纲要（2006－2020 年）》把实施技术标准战略作为重要的政策和措施。在《全国

① 此文为在全国政协十一届二次会议上的提案，联名提案人：夏燕月　董良翚　朱世慧　胡珍　詹祥生　王霞　赵汝蘅　冯英　田青　倪萍　滕矢初　阿拉泰　黄宏　王刁三　李延声　王成喜　王次炤　佘辉　吴玉霞　刘敏　张柏　宋春丽　李维康　关牧村　冯小宁　汪文华　侯露　于魁智　冯远　席强　刘锡津　田军利　吴祖强　吕章申　张廷皓　王川平　张平　王兴东　吴为山　宋雨桂　郃丽华　张和平。

服务业标准2009年—2013年发展规划》中，将“文化遗产领域走向国际化，建立文化遗产保护国际标准化组织”作为推进服务业标准国际化的重点支持对象。

我国在文化遗产保护技术标准领域的国际影响还十分有限。意大利、日本、加拿大、澳大利亚、美国等国的文化遗产保护理念、技术和方法在国际上已产生重要影响，并通过联合国教科文组织、ICOMOS、ICRROM、GETTY等国际组织以国际公约等形式提升其国际地位。这些国际上流行的“标准”中，源自中国的先进理念、技术和方法十分有限。我国一向重视文化遗产保护领域的国际交流与合作，国内文化遗产保护界在与其他国家，尤其是西方国家进行有关文化遗产保护的交流与合作时，因文化传统、保护理念、技术和方法上的巨大差异而时常出现龃龉。西方国家在文化遗产保护方面所掌握的国际话语权，使具有中国特色的文化遗产保护理念、技术和方法受到严峻挑战，对我国文化遗产保护工作产生了一定的不利影响。

另一方面，我国文化遗产保护行业标准化进程快速发展为推进国际化进程创造了有利条件。目前，我国已经启动文化遗产保护标准化工作，开展技术标准研究，实现文化遗产保护、研究、利用和管理等方面的质量与安全的技术控制。已有多项文化遗产保护国家标准和行业标准发布实施,努力构建文化遗产保护领域的基础标准、管理标准和作业标准体系，实施技术标准战略，开展与重要技术标准相关的基础检测手段、方法和计量标准研究，推动地方、行业的技术标准试点工作，改变我国在文化遗产保护标准化领域所处的弱势地位。并组织开展了关于成立文化遗产保护国际标准化组织的可行性研究，深入探讨我国文化遗产保护技术标准的国际化路径，这些都为推进我国文化遗产保护技术标准的国际化奠定了良好的基础。

为此，提出以下建议：

（一）由国家标准化技术委员会加快推进我国文化遗产保护技术标准的国际化进程，提高实质性参与国际标准化活动的能力，将具有中国特色的文化遗产保护技术标准向国际推广，使我国的文化遗产保护技术标准尽可能转化为国际标准。

（二）鉴于目前国际尚未建立统一的文化遗产保护技术标准化组织，建议我国向国际标准组织（ISO）提议，设立“国际文化遗产保护技术标准委员会”，并力争将秘书处设在我国，以此作为中国文化遗产保护技术标准国际化的突破口和切入点，积极推动具有中国特色的文化遗产保护先进理念和优势技术向国际推广，抢占文化遗产保护技术标准化领域的国际制高点。

在中国文字发展论坛上的讲话

（2009 年 11 月 16 日 · 河南安阳）

今天，对具有 4 000 年演进历史的中国文字来说是一个值得纪念的节日，一座以文字为主题的博物馆即将正式落成开放。同时，为纪念甲骨文发现110周年而举办的中国文字发展论坛在安阳召开，这无疑在我国文物博物馆事业发展史上具有重要的意义。

河南作为我国历史文化资源大省，文化遗产资源丰富，文化底蕴厚重，特别是安阳作为甲骨文的发现地，素有“甲骨文故乡”的美誉。中国文字在其发生、发展的历程中，始终一脉相承，沿用至今。中国文字作为传承中华文明，弘扬中华文化的重要载体，对我国历史、文化的传承，以及多民族国家的形成都起到了极其重要的作用。

在河南安阳建设中国文字博物馆具有得天独厚的优势。因此，我们对河南省和安阳市建设中国文字博物馆所付出的艰苦卓绝的努力表示由衷的钦佩。我也希望，安阳市抓住这一历史机遇，再接再厉，不断完善中国文字博物馆的各项建设，丰富陈列展览内容、创新展示手段、加强学术研究，充分展示和挖掘中国文字的独特魅力，使之成为向世人展示中国文字发生、发展历程和独特魅力的重要窗口。

我们相信，中国文字博物馆将不仅是一座博物馆，更是一个传播中华文明、开展爱国主义教育的重要基地；我们相信，中国文字发展论坛也不仅是一次学术聚会，更是一个契机，通过学者们的研究，让更多的人了解中国文字以及文字在中华文明传承中的独特作用。

在浙江省人民政府和国家文物局共同建立国家文化遗产保护科技区域创新联盟座谈会上的讲话

（2009 年 12 月 20 日 · 浙江杭州）

近年来，国家文物局坚持开放、合作、创新、发展，积极开展理论创新、体制创新和科技创新。在科技工作中，加快构建并不断完善科技管理制度体系，大力促进社会优质科技资源的集成和共享，不断调整和优化科技力量布局，引导跨学科、跨领域、跨行业、跨部门的联合攻关，使制约文化遗产事业发展的若干重点、难点和瓶颈问题得以有效解决，科技创新能力快速提升，科技创新体系初步建立，科技的支撑和引领作用日益凸显。

浙江省博物馆

2006年，我国在系统分析世界发展大势和我国特定国情的基础上，提出不能长期选择资源依赖型和投资推动型的发展模式，促进经济和社会发展的方式要从要素驱动型向创新驱动型转变，要走自主创新的发展道路，实现建设创新型国家的战略目标。文化遗产事业是经济和社会发展中不可或缺的重要组成，同样需要依靠创新和科技进步获得前进的动力。

开展区域创新联盟的建设工作，符合全面推进国家创新体系建设的总体要求，同时也是在文化遗产事业发展到新的阶段提出的新的发展思路，是文化遗产保护科技工作从最初的“打破封闭，开放合作”向“优化合作，完善机制”迈进的重要一步。

考虑到我国文化遗产保护问题的多样性，以及不同地区在科技基础条件、科技力量布局、创新文化氛围、经济基础条件，以及政府重视程度等方面的差异，国家文物局确定了区域创新联盟建设采取试点先行的工作思路，旨在通过区域创新联盟建设试点项目的实施，摸索并总结实践经验，为区域创新联盟建设工作的全面展开奠定基础。

经过国家文物局博物馆与社会文物司（科技司）与浙江省文物局，以及浙江大学等有关单位的充分沟通，形成了《国家文化遗产保护科技区域创新联盟（浙江省）试点项目建设方案》，此方案立足于国家文化遗产保护的重大需求，同时也充分体现了浙江省的区域特色，工作目标明确。方案提出的省局共建模式，有利于充分发挥中央和地方的优势，形成合力。方案以体制机制创新为切入点，有利于充分调动社会优质科技资源，优化创新资源布局，实现效益和效率的最大化。方案的具体工作内容以增强整体创新能力为总体战略目标，以提升技术创新能力为战略重点，以培育科学创新能力为战略储备，以优化创新服务能力为战略支撑，以实施若干重点科技项目为战略突破，具有较强的操作性。

建议由国家文物局博物馆与社会文物司（科技司）和浙江省文物局根据本次会谈的精神，组织起草省局共建合作协议，报请浙江省政府和国家文物局批准后，正式启动实施。今天会后我们将尽快召开局务会议，专题研究将此项工作纳入2010年和“十二五”期间国家文物局重点工作，从政策、经费、技术、人才等方面予以大力支持，与浙江省政府共同扶持和推进区域创新联盟的建设与发展。

我相信在浙江省文物博物馆单位、高等院校、科研院所和相关企业的共同努力下，我国文化遗产保护领域首个区域创新联盟，将建设成为“立足浙江、服务全国、面向国际”的文化遗产保护科技创新平台。同时，我也期待着通过试点工作，能够建立区域创新联盟的“浙江模式”，为区域创新联盟的建设工作在全国全面展开，提供宝贵的经验。

确立文化景观遗产保护科学理念

（2010 年 1 月）

生态文明是对农耕文明、工业文明的深刻变革，是人类文明质的提升和飞跃，是人类文明史上的一个新的里程碑。世纪之交，加强环境保护、走可持续发展之路，成为全人类的共识。从对大自然的掠夺型、征服型和污染型的工业时代，走向环境友好型、协调型、恢复型的生态文明，是革命性的变化和进步。实践一再告诫人们，人类的经济社会活动不可超越自然生态系统的承载能力，超过了这个能力就要遭受大自然的无情报复。

在漫长的人类文明长河中，一些古老文明国家和地区，例如古埃及文明、古巴比伦文明、古地中海文明和印度恒河文明、美洲古玛雅文明等，之所以消亡、衰落，其共同的根源，就是过度砍伐森林、过度放牧、过度垦荒和盲目灌溉，使广袤的森林、草原植被遭到毁坏，河道淤塞，水土流失加剧，土地沙化、盐碱化，肥沃的土壤遭到侵蚀、剥离，失去了农作物生长所需的大量矿物质营养，于是随着土地生产能力的衰竭，其所承载的文明也就必然日渐衰落、消亡。因此，“顺自然生态规律者兴，逆自然生态规律者亡”，成为人类社会发展的一条铁的定律，古今中外概莫能外。

长期以来，西方发达国家既是工业文明的先行者，又是最大的生态环境破坏者。工业革命对于人类财富的积累是一次巨大的进步，但是对于人类的生存环境却是一次灾难。英国于19世纪60年代，美国、法国于20世纪初期，德国于20世纪30年代，前苏联和日本于20世纪70年代，先后完成了传统工业化进程，又都经历了资源高消耗、环境高污染的过程。自20世纪初期开始，工业化国家在环境污染方面的“公害事件”层出不穷，向全球敲响了危害千百万公众生命与健康的生存危机警钟。

1961年3月，美国总统肯尼迪在全国野生生物展览馆开幕典礼上发表演说，描绘了一幅美丽的蓝图。他说："我们共同的目标是那样一个美国：这个美国具有开阔的空间，新鲜的用水，碧绿的原野；在那里，野生生物和大自然的美景不会遭到破坏；城市人口虽然不断增加，但他们依然能够到乡下去，依然能够享受旧日的文明。”然而，时隔三年，1964年5月，约翰逊总统在《伟大的社会》的演说中说："美好的美国已处于危险之中，我们的饮水、食物和呼吸空气已受到污染的威胁。”最早享受工业文明成果的西方发达国家，在尝到了工业化带来的环境恶化苦果之后，率先反思过去，试图转换发展方式，步入生态文明时代。

从20世纪60–70年代开始，兴起了世界性的环境保护浪潮。1968年，来自西方不同国家的约30位企业家和学者聚集罗马，共同探讨关系全球人类发展前途的人口、资源、粮食、环境等一系列带根本性的问题，对原有经济发展模式提出质疑。后来人们称这次聚会为罗马俱乐部。1972年发表了《增长的极限》报告，是罗马俱乐部集体研究的第一个重要成果，报告主张要自觉抑制增长，达到全球平衡，减少污染，这是人类对高生产、高消耗、高消费、高排放的经济发展模式的首次认真反思，开创了一种新的思维方式。

1970年4月22日，在大学生组织的发动下，美国2 000所大学、

1 万所中学、1 000 个社区举行了全国性环境示威，参加地球日活动，这一年是第一个世界地球日，被称为“人类对地球母亲的忏悔日”。1972 年，英国经济学家 B. 沃德（B.Ward）和美国微生物学家 R. 杜博斯（R.Dubos）组织的 58 国 152 名专家，发表了《只有一个地球》的报告，指出“人类生活的两个世界——它所继承的生物圈和它所创造的技术圈——业已失去了平衡，正处在深刻矛盾之中”。1980 年，A. 托夫勒（A.Toffler）在《第三次浪潮》一书中说“由于基于征服自然的原则，由于它的人口的增长，它的残忍无情的技术，和它为了发展而持续不断的需求，彻底地破坏了周围环境，超过了早先任何一个文明能够创造出这种手段，能够不仅摧毁一个城市，而且可以毁灭整个地球”。

1968 年美国颁布了《荒原和河流风景法》，规定：“为着人类目前和将来的利益和享受，对国家那些处在一定环境中，具有风景、娱乐、地质、渔业、野生生物、历史、文化或者其他方面价值的河流，应当加以保护。”1968 年，美国的共和、民主两党党纲都制定有环境方面的政策。在这个基础上，美国国会于 1969 年 12 月通过了《美国国家环境政策法》。作为保护生态环境的基本大法，明确规定“维护历史、文化和自然等方面的重要国家遗产，并尽可能保持一种能为个人提供丰富与多样化选择的环境”。

1972 年 12 月，联合国环境规划署（UNEP）成立，联合国大会确定每年 6 月 5 日为世界环境日。经过近半个世纪的努力，多数发达国家通过调整优化经济结构，治理生存环境，取得了重要的成就。其经济结构的主体已由以“高投入、高消耗、高污染、低效益”为主要特征的重化工业，转变为以“低投入、低消耗、低污染、高效益”为主要特征的第三产业、现代服务业。目前，发展中国家正处于工业化初期或中期阶段，已经开始或正在面临严重的生态、环境挑战。当务之急是如何避免重蹈发达国家“先污染、后治理”的覆辙，跳出环境污染的“怪圈”，加快由传统工业文明向生态文明的转变。

21世纪既是生态文明时代，也是城市世纪。广义地理解“生态”的概念，包含了自然生态、社会生态等多个方面的整体生态领域。在21世纪，城市不应再是一般意义上的生产中心、工作中心和居住中心，而应该是能为人们的生活、工作、学习和交往等提供舒适、方便、可靠、安全的文化场所。生态文明的崛起是一场涉及生产方式、生活方式和价值观念的世界性革命，是不可逆转的世界潮流，是人类社会又一次新的命运与前途的选择，也是我国社会经济发展走向成熟阶段的必经之路。

生态文明不只是生态、环境领域一项重大研究课题，而且是人类与自然、发展与环境、经济与社会、人与人之间关系协调、发展平衡、步入良性循环的理论与实践，是人类社会跨入一个新的时代的标志。周干峙院士指出，“人类追求什么样的城市？无论什么社会、国家，大体上可概括为以下六大目标，即：生态城市、富裕城市、和谐城市、安全城市、文化城市和科学城市。认识生态问题是人类认识史上划时代的进步，提出要建设生态城市又是城市发展史的划时代进步。生态城市是一个复杂的巨系统，要用系统工程和复杂科学观念去分析、认识。实际上，这些系统内涵互相影响、互相作用，只有综合集成才能形成一个完整的概念。发展生态城市，要医治大中城市的‘城市病’。要治‘病态’，强‘生态’。生态城市与病态城市显然是两个对立的概念”[①]。

人们逐渐认识到文化景观是联系人与自然、物质与精神的纽带，

---

① 周干峙：《全面系统认识生态城市》，载《中国建设报》，2008-09-18。

在保护生态环境完整性、建立文化归属以及为人们提供精神需求方面具有重大意义。地球资源尽管有限,但是能够满足人类的基本需求,只是满足不了无度的索取和贪欲。正是因为一些国家、一部分人占有过多的资源并造成挥霍和浪费，才加剧了另一些国家、另一部分人基本生活需求的不足，加剧了贫富悬殊与社会不公，也加剧了生态灾难与环境危机。生态的失衡源自社会的失衡,正如戈尔所言:“生态问题的严重性暴露出人类深刻的道德危机”，以至于“只顾眼前不顾未来；只顾自己不顾别人；只顾当代不顾后代”。

从对大自然的掠夺型、征服型和污染型的工业文明走向环境友好型、协调型、恢复型的生态文明，是革命性的变化和进步。当人们认识到，发展再也不能以牺牲环境和弱势群体的权益为代价时，发展才意味着社会的全面进步和人类精神的全面提升。当前，席卷全球的金融风暴、经济危机预示着人类的生产方式、生活方式和思维方式都必须发生一场生态变革，只有实现人与人、人与自然、人与社会之间真正的和谐，才能迎来生态文明的新时代。而文化景观遗产保护的理论与方法，为维护生态环境的安全，有效阻止生态环境的恶化，构建良好的生态基础设施，给予人居环境可持续的生态服务，提供了新的思维模式。

在全球化趋势的影响下，城市的发展环境与发展模式发生着深刻变化,城市之间的竞争也使城市发展的动力机制有所改变。过去,一座城市的发展优势主要来自城市所拥有的资源条件，例如能源、材料、交通、劳动力、区位条件等。但是如今，仅仅依靠物质资源比较优势难以使一座城市长期拥有竞争优势。而作为千百年来人类智慧结晶的文化景观，最能体现城市的环境基底和文化特色，对增强城市核心竞争力，具有深远的意义。通过大量比较研究，人们发现，鲜明的城市特色、良好的生态环境和优美的文化景观，可以使一座城市获得强大的发展力量,成为提高城市文化品质的重要因素，使城市在比较竞争中立于不败之地。

今天，越来越多的历史性城市通过政策调整和制定战略措施，赋予文化景观遗产在城市社会经济发展中的重要作用，其明显效果不仅在于它们具有吸引观光者的独特魅力，也不仅在于它们具有吸引资本的强大能量,更在于文化景观遗产极大地提升了城市的价值，其文化特色为城市打上了鲜明烙印。事实证明，一座历史性城市的延续与发展，往往有赖于文化景观遗产的延续与发展，保护城市格局的风貌特质，以及文化景观的整体和谐，可以延续城市历史文脉，帮助人们去认识和适应现代文明发展的时空变化，增强城市的归属感与认同感。

宜居城市理念的形成和提出，对城市文化景观的培育提出了更新更高的要求。世界上不少宜居城市的共同之处，就在于随处可见自然开放的空间，能够让人们在绿色空间中从容徜徉。在城市中，如果仅仅建造一些没有绿荫的大广场、不能进入的大草坪、宽阔笔直的景观大道等,这些设施不能很好地成为人们生活体验的一部分，那么对民众的现实生活并没有实际意义，反而使人们的生存空间不断受到挤压，使民众对于他们生活的城市感到疏离。城市与自然共生共存，首先必须让自然景观贴近人的生活。城市首先是人居住的地方,亲近自然是人的天性,市民不仅希望自己生活的家园更加美丽，也希望能与美丽的文化景观更加亲近。

一个有品位有魅力的城市，必然注重生态环境建设，将自然引入生活，解除城市化、工业化带给人们生活的不适。今天的城市规划建设，要彰显文化景观的作用，赋予城市以鲜活的灵气，表达城市的个性和魅力，在让天更蓝水更清，让城市更加美丽的同时，使城市中的人与自然更加亲近，使文化景观融于市民的日常生活。要使人与自然更亲近，就要在文化景观保护与培育过程中，让更多的民众参与其中，增强民众对文化景观的认同感，使城市不仅具有完善的物质功能，更包括丰富的文化内涵。

清溪川，是一条流经韩国首尔市内的河流，曾经为首尔市民营造和提供了和谐的生活空间和文化景观。但是，从20世纪50年代末开始，随着韩国工业经济的迅猛发展，城市规模急剧扩张，居民的生活废水和垃圾直接排入河内，河床淤塞，河水发臭，清溪川终于不堪重负。随后亚洲四小龙开始崛起，首尔的经济逐步腾飞，城市交通日渐拥堵。市政当局决定将清溪川用水泥板盖上，并在其上面兴建高架桥。一方面可以掩盖清溪川的肮脏与丑陋；另一方面有助于缓解和疏导城市繁忙的交通。随着清溪川从首尔市地图上消失，城市的生态环境不断恶化，高架桥上车辆的噪声、热岛效应的加剧、动植物种类的减少、水泥板下臭水沟产生的沼气、桥梁上水泥和钢筋的腐蚀，强行抹掉清溪川的恶果日益显现。

进入21世纪，清溪川复原成为城市发展的重要工程，拆掉高架桥，掀开水泥板，让清溪川重见天日，无疑是一场城市生态革命。2005年9月，清溪川重新奔流在首尔大地，漫步在5.8公里的河岸，苇草与鲜花相伴而生，淙淙的流水清澈见底，为市民和游客营造出惬意的休闲空间。同时，清溪川复原工程产生出直接拉动城市经济的效应。清溪川复原工程的成功，引起了全世界的关注。这是首尔从以开发为中心和以汽车为中心的城市形象，转变为以人类为中心的城市形象的重要体现，称得上是建设生态城市的全球样板①。

① 张荣刚：《首尔——小国大城充满神秘魅力》，载《深圳特区报》，2008-10-11（B10）。

自古以来，秦淮河作为南京的母亲河，与古都的发展息息相关。秦淮河沿线历史积淀深厚，既有物质形态的城墙、河道、园林以及历史建筑，又有众多流传至今的历史典故、文学诗篇与民间传说，充满生活情趣。但是，20世纪80年代，伴随城市人口增长，人们开始在城墙外栖身，搭建简易房屋，形成了临水的棚户区，加上河道的污染，秦淮河沿线人居环境逐渐恶化。2002年下半年，秦淮河环境综合整治工程正式启动，实施范围长达18余公里，涉及6 000余户棚户区居民的住房安置问题，整治内容包括安居、水利、环保、文化、景观五大工程，目的是要使该地区的居民生活水平得到提升，基础设施得到改善，环境污染得到治理，文化遗产得到保护，文化景观得到展现。

随着秦淮河沿线地区污水截流，两岸形成20多米宽的绿色长廊，不仅在城市中构筑了一条绿色文化景观带，而且改善了沿河的空气质量，使水质达到景观水体的要求，对民众的健康产生良性影响，使更多的居民直接受益。如今，秦淮河两岸的水利工程、植物配置、自然景观以及文化资源相融合，江、山、水、城、林交相辉映，构成了一幅风景长卷，将生态环境与人居环境融为一体，创造了人、自然与城市和谐的文化景观。2008年10月，联合国人居署在内罗毕宣布，中国南京市因成功治理并开发流经市区的秦淮河，授予南京市政府本年度联合国人居奖特别荣誉奖。

20世纪90年代以来，特别是可持续发展思想提出后，针对城市化进程中出现的城市蔓延及由此带来的交通拥堵、能源消耗、环境污染等问题，欧洲学者提出了“紧凑城市”的思想，希望通过高密度的城市开发、混合的土地利用、分散化的集中和优先发展公共交通等措施，以达到降低能源消耗，减少土地资源的占用等目的。

1990年欧洲社区委员会（CEC）于布鲁塞尔发布《城市环境绿皮书》，首次公开提出回归紧凑城市的城市形态，此后这一概念开始被广泛讨论。提倡紧凑城市的重要人物布雷赫尼（Breheny）对于紧凑城市的定义进行了较为全面的概括：“促进城市的重新发展，中心区的再次兴旺，保护农田，限制农村地区的大量开发，更高的城市密度，功能混合的用地布局，优先发展公共交通，并在其节点处集中城市开发。”

更高密度和混合用途能使城市基础设施得到最佳利用，降低非再生资源的消耗，减少对小汽车的依赖，增加社会交往的机会，创造更适宜步行、具有包容性的公共领域。近年来，美国学者又提出了“精明增长”理论，在土地利用上也主张紧凑模式，强调开发计划应充分利用已开发的土地和基础设施，并采取确定城市增长边界，控制城市蔓延，提倡土地混合利用等。精明增长理论还包含加强城市竞争力、鼓励市民参与等内容，其内涵更为丰富。

现代城市正在经历着规模不断扩大，结构不断复杂的发展过程。一方面，由于生产效率提高，人们拥有更多的带薪休假时间，生活水平和支付能力也有了很大的提高，增加了城市居民休憩的可能。另一方面，由于城市人口激增、环境质量下降、生活节奏加快、工作压力增大，狭小的生活空间引起人们普遍具有回归自然，返璞归真的向往，追求绿色环境、自然景观和田园风光的心理要求日趋强烈。对此，陈望衡先生认为：“最能满足人的情感需求的是两个类型的城市。第一类是山水园林城市，第二类是历史文化名城。这两类城市是最适合人居住的，最能让人快乐的，最能给人幸福的。”①

作为一个曾以农业为主的国家，泰国有着传统的灌溉结构、河

① 陈望衡：《城市——我们的家》，载《光明日报》，2008-12-11（10-11）。

边的村落、水上运输的方式，这些独特的水陆两栖的文化景观相互交融。近年来，曼谷日益重视这一壮观的河滨景象，突破以水论水、以河论河的传统局限与束缚，努力创造水与城、水与景、水与文化的和谐统一，努力使城市河流回复城市生活，试图把一座工业城市转变成一个优雅的居住和商业中心的完美形象。其中运河成为曼谷城市生活中独特的文化景观，包括那些划船者、步行者和骑自行车的人，运河线路构成一幅美妙的图画，将风景如画的运河环境、不同类别的野生动物和不同时代的历史建筑融合在一起。

J. 奈斯比（J.Naisbitt）在《大趋势》中认为，在高科技的条件下，高科技和高情感的平衡是社会生活要解决的一个很紧迫的课题。物质生活与精神生活的失衡，实际上已经成为当代社会面临的重大危机。但是挑战与机遇同在。有关未来学家预测，21 世纪全球经济将出现五大浪潮，首先出现的就是休闲时代的浪潮。休闲已经成为当今时代的重要特征之一,成为与每个人的生存质量息息相关的领域，成为社会进步的标志。休闲并不是无所事事，而是人们的一种以文化创造、文化享受为内容的生命状态和行为方式。

随着旅游市场竞争的进一步加剧，旅游业正在从较低层次的价格竞争，经过质量竞争，逐渐转向高层次的文化竞争。这样就给以观赏文化景观遗产为主要内容的文化旅游提供了一个广阔的发展平台和机遇。文化旅游的本质和价值在于提升每一个参与者的精神境界和文化品位。因此,需要深刻认识文化旅游的本质特征和内在规律，以物质的和精神的方式，把传统文化和现代文化的精髓，贯穿到文化旅游的实践之中。国际博物馆协会（ICOM）在《全球可持续文化旅游宣言》中倡导“了解旅游目的地及其周边文化、自然历史遗产特殊的科学价值与美感，可以增进当地居民的理解，从而加强他们的自信心和自我文化认同”，“‘享受，而不是破坏’，这应该是所有参与旅游业者的最终目的”①。

城市化是人类活动的高级演化过程，也是社会经济发展的必然规律。城市化在使人类享受物质文明成果的同时，也给生态环境造成很大的压力。在全球性的人口、资源、环境与发展的矛盾日益尖锐的背景下，人类深切地意识到，为了自身及后代的生存与发展，必须有效地保护自然资源和生态环境。人类一方面要提高城市化水平，另一方面又要在城市化过程中，适应生态环境的变化。城市的生态环境是产生城市类文化景观特色的主要因素之一。城市建设与河流、湖泊、海岸、港湾、山脉、高地等特殊地形、地貌有机结合，才能形成独特的城市类文化景观。

城市的环境质量，包括阳光、空气、水质、绿色空间等自然环境质量，也是城市空间质量的重要标志。特别要着重保护那些生态环境敏感的地区，例如城市中的河流水系、滨水地区、森林植被等，城市背景环境中的稀有植物分布区、野生动物栖息地等，以及更大尺度城市环境中的新鲜空气补充区、清洁水源涵养区、基本农业种植区等。同时，在城市化过程中，很多城市都将发生较大空间尺度的变化。因此应特别注意文化景观生态的保护，改善与建造更加适宜人类生存的城市环境。文化景观遗产的价值，是基于人类与自然的共同创造，因而对于生态环境的要求特别苛刻。

2009 年初，中国青年报社会调查中心通过一项调查，了解哪些是现代青年心目中最美的中国建筑，调查之前一些专家曾认为，当代青年会比较偏爱现代建筑，然而调查结果却令他们吃惊，66.8% 的青年表示喜欢中国古代建筑，喜欢中国近现代建筑的仅

① 《全球可持续文化旅游宣言》，载《中国文物报》，2009-04-10（5）。

为 18.6%。特别是长城、故宫和苏州园林位居榜首，得票分别为 49.2%、48.1% 和 41.6%。此次调查共有 2 876 人参加，40 岁以下青年占 96.4%。从调查中可以看出，很多青年人对蕴含着深刻文化内涵的文化遗产情有独钟，说明中国古代建筑在人们的心目中占有重要位置。

"一些青年人坦言：鸟巢、水立方、国家大剧院固然宏伟壮丽，它们以现代的雄姿见证着中国的崛起，但类似的建筑只要精心设计，在世界各地都可以进行复制，它们不具备不可再现性，也不能代表中国独有的文化"[①]。"我们并不是简单地否定新建筑，但新的城市肌体与历史肌体在文化基因即文脉上应当有着必然的联系。"朱自煊教授认为，"城市的魅力来自于其文化内核，而不是来自于其经济实力。建筑是城市文化的重要部分，也是城市文化活的载体，每一块砖、每一片瓦，都是文化、历史的述说者，都时时在与市民交流。"

我国古代建筑的主流是木质结构，而欧洲古代建筑的主流是石质结构，两者之间的差别十分明显。长期以来，针对这一问题众说纷纭，甚至出现"材料决定说"和"技术决定说"等观点。一种观点认为，我国缺少石材资源，而多木材资源，因此广为采用木质结构建筑。事实上，我国高山大川众多，石质材料资源十分丰富，而与欧洲的自然气候和地理条件相比，我国的木质材料并不十分丰富。

另一种观点认为，中国石质结构建造技术落后，因而采用木质结构建筑。事实上，"中国人在建筑中使用石质材料的历史也并不比欧洲人晚，原始时代的巨石建筑遗存就是一个例子。汉代的石造

① 程竹：《年轻人为何钟情古建筑》，载《中国文化》报，2009-05-19（6）。

墓穴与墓祠，以及陵墓前的石阙，至今还有遗存。汉代已经掌握了拱券与穹隆技术并应用于墓穴建筑中，隋代建造的赵州大石桥，其跨度与造型都在世界上遥遥领先。用石头建造城墙的历史更为久远，以‘石头城’而闻名于世的南京城，至迟在三国时期就已经有了石头城墙。从中国建筑中雕刻精美的石制台基、栏版、高高矗立的华表石柱、陵墓前巨大的赑屃石碑，汉白玉石桥，均可以知道中国人在石造与石雕技术上，并不亚于同时期的任何其他国家”[①]。“中国人既有石料来源，也有石造技术基础，但却并不用在为人所用的房屋上，而仅用在死者的坟墓、陵寝，或军事设施及一些礼仪性、装饰性的构筑物上。古代中国人对待石结构建筑的态度是，非不能也，是不为也”。

王贵祥教授认为，产生这一现象的主要原因，其一在建筑目的方面。西方古代与中世纪的主流建筑，是为彼岸的神灵建造的。神灵或上帝是至上的存在，为神与上帝的建筑，要永恒、宏伟，具有威慑人的力量。而中国古代的主流建筑是为现世的人建造的，如帝王的宫殿、苑囿，政府衙署与各种不同等级的住宅，这是中国建筑的主流部分。中国人对待佛寺、道观的态度，同对待凡人的住宅一样，主要是为了给神佛的偶像遮风避雨，越是地位显、香火盛的寺庙，改建就越频繁，就如同要常常给凡世的人重新翻盖新屋一样。其二在文化取向方面。西方人对石头有着特殊的爱好。中国的情况就不一样，古代中国人讲求阴阳五行。五行中的五种物质金、木、水、火、土，对应五个方位。其中，土代表中央，代表负载万物、养育万物的大地，因此，土就具有了很高的地位。其三在建筑理念方面。古代罗马建筑师，早在2 000年以前，就提出了“坚固、实

① 王贵祥：《中国古代建筑为何以木结构为主》，载《北京日报》，2009-02-09（20）。

用、美观”的建筑三原则。建筑首先要坚固，坚固与久远是联系在一起的，欲求坚固与久远，石头是最恰当的建筑材料。中国人更多追求空间的适宜与阴阳的和合，中国人的房子，不是为了看的，而是为了栖息其中的。最为重要的是，中国建筑以其灵活便利的木质结构，更易于创造灵活多变的空间，同时，使用可以再生，并且不会造成污染的木质材料作为主要建筑材料，更具有环境的可持续性①。

笔者早年曾在日本学习和生活多年，印象最深的是其独具特色的文化景观，在日本的国土上，只要离开喧嚣的城市，映入眼帘的总是海滨、森林、山岳与峡谷交相辉映的美丽景色，而且随着四季的变化，表现出绚丽多彩的文化景观。日本人对自然有着敏锐的感受和强烈的保护意识，具有与众不同的自然生态观。例如反映在日本建筑设计理念上，就是将建筑视为文化景观不可分割的一部分。在建筑材料方面，尽量选用朴素的天然材料，利用这些天然材料自然的线条、肌理、色彩和质感，精心加以设计，达到与周围文化景观的和谐相处。即使在室内设计上，从地面、墙壁、门窗，到天花板，多用木材、竹材、纸材，甚至茅草、稻草等天然材料，尽量营造与自然融合的氛围，使人们有回归自然的亲切感。在建筑形式方面，擅长以精致、优雅和简洁的设计，表现出建筑造型的构造美、材料的质感美和色彩的淡雅美，开敞的门窗、宽阔的阳台和舒展的长廊，把生活空间与周围环境联系在一起。“在这种自然观指导下建造的房屋与营造的室内氛围使建筑并不是从自然中分割或制造出独立于自然之外的一部分空间，也不是通过墙体把居住空间和外部环境之间加以界定，而是一种开放的、尽可能在自然中的生活方式，尽管

① 王贵祥：《中国古代建筑为何以木结构为主》，载《北京日报》，2009-02-09（20）。

它必须具有遮风避雨、防寒御暑的功能”[①]。

建筑是一座城市的公共表达。在任何国家和时代，建筑从来都是文化复兴最重要的表现途径之一。有关学者将人类建筑学观念的变迁过程划分为六个阶段，即实用建筑学阶段（原始社会—新石器时代），艺术建筑学时代（青铜时代—铁器时代），机器建筑学时代（前机器时代—机器时代），空间建筑学时代（1950—1980），环境建筑学时代（1980—1990），生态建筑学时代（1990—）[②]。日本建筑师黑川纪章认为，“历史与传统的共生不应该是简单的复制历史，更不应以单纯的经济利益而生产没有思想的建筑，来堆砌经不起时间考验的城市。建筑是文化，城市是文化”[③]。

在当今的城市规划和建筑设计中，有着追求技术化和表面化的设计潮流与趋势，而唯独缺乏文化理念与时代精神。无论是城市规划，还是建筑设计，都应该体现一定的文化理念与时代精神，没有思想的设计不能成为文化，更不能形成文化景观。只有表现出文化底蕴和时代精神的作品，才能成为后世的文化遗产，才能长久地保留在人们的生活里和记忆中。在我国，从不同地区、不同城市的实际出发，把民族审美理念与现代功能需求紧密结合起来，探索本土文化的内涵，形成独树一帜的中国特色建筑设计体系，才是新时代建筑设计的发展方向。

自从现代建筑兴起，国际建筑界针对历史性城市中新、旧建筑之间关系如何处理就开始了持续的讨论。1984 年，陕西历史博物馆作为国家级重点博物馆立项建设，除了功能、设备要达到一流，设计任务书还明确要求，博物馆建筑本身应该成为陕西悠久历史和灿

① 谢浩：《日本建筑的设计理念》，载《城乡建设》，2009（3），71 页。
② 梅子：《走进建筑哲学》，载《中国建设报》，2009-01-06（7）。
③ 黑川纪章：《共生的时代》，载《城乡建设》，2004（7），21 页。

烂文化的象征。经过多方案比较，决定采用张锦秋教授提交的“中轴对称，主从有序，四偶重楼，中央殿堂”的唐代宫殿方案。7年后，呈现在人们面前的是一组有着浓郁唐代风格的现代化博物馆建筑群。张锦秋教授在诠释其建筑设计理念时强调传统与现代结合，“在传统方面，侧重于环境、意境和尺度；在现代方面，则侧重于功能、材料和技术”。

一般人们体会的建筑风格往往包含两个层面的含义，即建筑形式和建筑性格。建筑形式是外在的，可以变化的，内在的建筑性格却是属于精神领域的东西，它取决于一个地方所特有的环境特征和文化基因。张锦秋教授认为“建筑不是单纯的技术工程，它是一个环境空间艺术体系”，应重视每座建筑在城市环境中的作用，延续中国建筑的传统形态和美学原则，崇尚天人合一，注意环境与建筑交融。同时，要扩展建筑在城市设计中的角色，用城市的观点看建筑，尊重城市布局已形成的整体肌理，在体形、体量、空间布局、建筑形式和材料色彩等方面，采用与地区相适应的技术条件手段[①]。

建筑是人类最普遍最基本的活动之一，它最早产生于人类躲避风雨和保障安全的实际需要，但是今天重要的建筑文化遗产大大超出了一般建筑的功能作用，负载着历史与文化信息，构成了人们生活其中的文化环境。对于建筑的理解，人们有各自的观点，有的强调建筑的审美效果与艺术风格，有的强调其材料和技术方面，有的关注于建筑的布局和实际功能。在西方传统文化观念中，建筑属于视觉艺术的范畴，建筑史便与美术史具有难解难分的亲缘关系，这种观念自20世纪初传入我国，反映在那时出版的第一批美术史著作和教材中。

---

① 《西安曲江振兴模本》，载《三联生活周刊》，2008（36），5页。

梁思成教授在西方建筑史学的影响下，将建筑纳入了广义的美术范畴进行考察，并利用西方建筑理论来整理与解释我国传统的建筑语言。但是半个多世纪过去了，随着学科的发展越来越专业化，建筑学与美术学分属于工科和文科，造成“鸡犬之声相闻，老死不相往来”的局面，曾经是完整的知识体系失去了光泽和张力。从此，建筑学专业更注重于结构与技术的进步和实际的工程操作能力，而不重视建筑史人文内涵的研究①。今天，在文化遗产保护的实践中，在文化景观遗产的研究中，需要拆除学科之间的樊篱，将建筑学与文化、艺术、历史、科学技术以及其他人文科学与自然科学再度进行融合。

著名作家雨果曾经说：“人类没有任何一种重要的思想不被建筑艺术写在石头上。”建筑是凝固的音乐，建筑是空间的艺术，建筑是技术、文化、艺术的综合。建筑活动是人类最基本的社会活动之一，表现出文化意识、文化审美、文化造诣和文化智慧，以及社会条件和技术水平,体现出不同时代的文明程度。我国的传统建筑群，表现出在体量、形式和色彩等方面的整体美，在均衡、韵律和秩序等方面的综合美，承载着中华民族的哲学思想和文化内涵，给人以厚重、和谐、隽永、深邃、宏阔、崇高的审美享受；它们或庄严肃穆、气势恢宏；或内涵深刻、意境幽远，既体现出物质功能和实用功能，也体现出精神功能和审美功能。

无论任何时代，城市建筑环境都具有社会化和公众化特征，必须尊重广大民众的文化权益，强调协调性与统一性，实施人性化管理。今天，我们处在一个物质条件不断改善、科学技术高度发达的时代，建筑应该满足人们普遍追求品味生活、重视人生价值的愿望，

① 曹胜玫：《文化的建筑史、融合的建筑史》，载《建筑与文化》，2006（11），113页。

加强建筑文化意识和文化精神的宣传，使人们认识到城市中的建筑，不仅仅包括安全、经济、功能等方面的技术要求，还应该关注它们的文化个性、文化美学、文化精神问题。建筑设计要跟上时代发展的步伐，就必须在更新技术与材料的同时，提高艺术修养，增强环境意识。

一个城市的文化景观永远处于动态变化之中，今天的风貌往往是形成于城市历史发展的各个时期。因此，当代的责任不仅仅在于保护城市文化景观，还应创造面向未来的新的文化景观。世界遗产城市格拉茨古城，拥有欧洲保存最为完整的历史街区。但是，站在教堂山上的钟楼处，眺望古城，视野中却出现了一座超现代有机形态的玻璃体，其怪异的形态、流线型的结构和轻盈的蓝色玻璃材料，似乎与厚重朴实的古城建筑风格格格不入。这就是一座名为“友善的外星人”的现代美术馆，也是格拉茨送给“2003 年欧洲文化之都”的“一份来自未来的礼物”。美术馆建于穆尔河畔，造型犹如海参，又似外星飞船。但是，世界文化遗产城市中出现这样一幢完全不同于传统风格的超现代建筑，并未引起太大的争议。首先，该建筑位于古城边缘地带，偏离传统风貌核心区的范围，这为其风格的选择提供了较大的自由度。其次，该建筑虽然在山上古堡的视野范围内，但是平面距离约为 1 000 米、上下高差约为 300 米，在这样的空间尺度中，美术馆未对文化景观造成太大的影响。第三，该建筑蓝灰色的玻璃体点缀在红色屋顶的古建筑群和绿树丛中，风格上既不模仿、也不雷同，使人们感到一种产生于对比中的协调，试图在古城中心建立起新与旧、历史与未来之间的对话[①]。

城市文化景观是人类社会意识形态的反映，有什么样的价值观、

① 张天新：《造访遗产城市的天外来客》，载《北京规划建设》，2008（2），170 页。

道德观及审美观，便有什么样的城市文化景观。同时，现代城市经济功能渗透到城市文化空间的各个部分，出现了经济文化一体化趋势，推动经济、文化、社会协调发展。特别是，今天解决城市发展中的低耗高效、节能环保、可持续发展问题，不能仅仅依靠人工科技，而是要从保护地域文化景观遗产入手，将自然环境与文化景观融为一体，寻找最经济、最实用、最环保的方法。

维也纳煤气罐群由四个废旧储气罐组成，每个高 70 米，直径约 60 米，容量 90 000 立方米，建筑体量曾为欧洲之首。作为维也纳市政煤气工程的一部分，这组煤气罐群于 1899 年竣工投产，至 1984 年一直作为储气罐使用。但是，当天然气取代民用煤气后，煤气罐群被废弃关闭。1995 年维也纳市决定对这组煤气罐群实施积极保护，重新复苏这组工业遗产保护建筑，开始征集煤气罐群保护性再利用的方案。所选定的实施方案保留了原有建筑的外墙和部分屋顶。每个煤气罐被分成几个区域，分别作为公寓、办公、学生宿舍、档案馆、音乐厅、电影院和购物中心等用途使用。如今这组煤气罐群不但发展成为一个居住社区，而且吸引大量参观者驻足，成为独具特色的“城中之城”。

关于利用现代信息技术推进文化遗产传播与利用的提案①

（2010 年 3 月）

近年来，国家高度重视 TD、物联网和三网融合等战略性新兴产业的发展，不断加大推进力度，系列扶持政策已经或即将出台。2009 年发布的《电子信息产业调整和振兴规划》明确提出："加快培育信息服务新模式新业态。把握软件服务化趋势，促进信息服务业务和模式创新，综合利用公共信息资源，进一步开发适应我国经济社会发展需求的信息服务业务。"这既有利于培育新的产业增长点，同时也为我国文化遗产的传播与利用寻找新的突破点带来了重要契机。

中华五千年绵延不断的历史文明为我们留下了浩如烟海的文化遗产，成为传承文化传统、弘扬民族精神、创造美好生活、构建和谐社会的重要资源。根据第三次全国文物普查的阶段性成果显示，我国不可移动文物已达 90 余万处；各类国有文物收藏单位保管的可移动文物也超过 2 000 万件（组），并且每年还有大量的珍贵文物出土，文化遗产资源极为丰富。

然而，与丰富的文化遗产资源形成鲜明反差的是，因受限于设

① 此文为在全国政协十一届三次会议上的提案，联名提案人：张和平 田青 吕章申 杨力舟 侯露 冯英 刘敏 王川平 杨一奔 张海 高延青 王书平 吴祖强 刘庆柱 阿拉泰 杜滋龄 赵维绥 丹增 宋春丽 苏士澍 席强 郁钧剑 尼玛泽仁 余辉 龙瑞 安家瑶 林建岳 姜昆 张柏 陈力 夏燕月 樊锦诗 郭瓦加毛吉 仲呈祥 耿其昌 韩书力 董良翚 王霞 詹祥生 张廷皓 孟广禄

施条件等多种原因，展出文物比例仅占很小一部分，很多文物收藏超过半个世纪，却始终未能与观众谋面，且呈现的信息量也非常有限，无法满足公众对文化遗产所承载的历史、艺术、科学信息深入了解的愿望，这也是当前博物馆免费开放之后面临的一个亟须解决的问题。以南京博物院为例，馆藏文物 41 万件，常年展出的仅有 5 000 余件，不足馆藏总数的 1.25%。

另一方面，随着我国人民生活水平的不断提高和精神文化需求的日益增长，人们对于利用现代信息、网络等技术手段提升文化传播水平的呼声越来越高。充分利用信息技术的进步向社会公众提供更多、更好的精神文化产品，使文化遗产的传播与利用向更大范围、更深层次发展，已经成为完善公共文化服务体系，进而推动我国经济增长结构性调整不可或缺的重要方面。

伴随着 3G 牌照的发放和大规模 3G 网络的投资建设，国内无线宽带技术得到了迅猛发展，多元无线技术不断融合，为加快推进我国文化遗产信息化建设的转型升级奠定了坚实的技术基础。此外，手机网民数量的增长也为文化遗产的信息化传播和服务奠定了良好的受众基础。受 3G 业务开展的影响，我国手机网民数量迅速增长，规模已达 2.33 亿人，占整体网民的 60.8%。可以预见，以 3G 技术为代表的现代信息化手段与文化遗产领域的结合，将会引发文化遗产传播与利用发展轨迹的重大变革。通过积极探索通信技术、信息技术、网络技术、射频识别技术等新技术在文化遗产信息化中的应用，从“无限尺度、城市尺度、遗址尺度、博物馆尺度、文物藏品尺度”5 大尺度，构建文化遗产展示、传播与利用的新机制、新模式，将会极大满足广大民众对文化遗产的个性化和多样化需求。

综上所述，建议国家发展与改革委员会会同工业与信息化部和国家文物局：

（一）在国家层面建立部门间协作机制，加快推进基于无线宽带技术、以泛在化应用为目标的文化遗产信息化建设，开展规划和相关政策的研究制定工作，设立专项经费，为现代信息技术，特别是以TD为代表的3G技术，以及物联网技术在文化遗产领域的应用提供政策与资金支持。

（二）依托重大信息化建设项目，沿三个层面展开文化遗产传播与利用工作：一是在基础层面，以应用与服务为导向，加快文化遗产基础资源库（群）的完善和建设，以及基于此数据和内容资源库（群）的面向跨行业应用的研究；二是在实施方面，推进省部合作模式的形成，加强文化遗产信息化落地方案的研究，借助地方无线城市建设等契机，加快推动文化遗产信息化在全国范围的开展；三是在各文物博物馆单位内部，联合各大运营商、系统集成商，加强基于先进的无线通信技术的手机预约、无线导览、数字化展示、互动体验，以及掌上博物馆等信息化业务的开发，进一步提升文化遗产的信息传播能力，以及对公众的持续吸引力。

（三）开展产业链的研究和构建，努力培育和孵化新兴产业，探索“多方投入、共建共赢”模式。积极吸引运营商、数字内容提供商、动漫企业、终端企业，以及旅游、教育等文化遗产内容资源的具体应用行业参与其中，建设文化遗产传播与利用的产业生态系统，形成各行业共同参与、共同建设、共同推进的局面。

在国家文化遗产保护科技区域创新联盟省局共建协议签字仪式上的讲话

（2010年5月25日·浙江杭州）

今天，我们相聚在美丽的西子湖畔，共同见证浙江省政府和国家文物局联合共建区域创新联盟的签约仪式，这标志着浙江省和国家文物局共建合作关系的正式建立。浙江省是我国文化遗产大省和科技大省，具有较强的经济、科技实力和良好的创新文化环境。在前期深入调研、充分磋商的基础上，决定在浙江省开展首个国家文化遗产保护科技区域创新联盟的试点建设，这是我国文化遗产保护领域的一件大事，具有十分重要的现实意义和指导意义。

近年来，文化遗产保护科技工作取得了长足进步，行业科技意识明显提高，科技成果不断涌现，科技创新能力快速提升，一批制约文化遗产事业发展的重点、难点和瓶颈问题得以有效解决。但是，我们必须清醒地认识到，文化遗产事业的持续快速发展还面临着诸多挑战，我国从文化遗产大国向文化遗产强国的转变仍任重而道远。当前，我国文化遗产保护任务空前繁重，尽快推动文化遗产保护科技的进步，充分发挥科技的支撑和引领作用，是我们面临的紧迫而繁重的任务。

区域创新联盟的建设，是谋求文化遗产事业又好又快发展的创新之举，是实现“整合力量，提高质量”的重要实践，将成为促进文化遗产保护领域优质资源快速流动、充分共享的重要纽带，为创新成果的产生、转移和扩散发挥支撑作用，推动文化遗产事业的跨越式发展贡献力量。

今天上午，国家召开了全国人才工作会议，突出强调了人才对于各项事业发展的重要作用。区域创新联盟依托重大科技项目，加强应用基础研究、技术开发和成果推广，高度重视对战略科学家、学术带头人和复合型科技人才的锻炼和培养，成为加快文化遗产保护科技人才队伍整合和壮大的关键平台。

同时，区域创新联盟充分调动全社会参与文化遗产保护科技工作的积极性，探索和建立社会参与机制，吸纳众多交叉学科的专家学者、社会贤达和民众参与，切实做到文化遗产人人保护、保护成果人人共享。国家文物局也将从政策、制度、规划等方面，予以全力支持，切实推动区域创新联盟试点工作的顺利开展。

浙江大地物华天宝、人杰地灵，浙江人民勤劳务实、敢为人先，我们相信我国首个文化遗产保护科技区域创新联盟能够真正建设成为立足浙江、服务全国、面向国际的科技创新平台。同时，也希望区域创新联盟建设的“浙江模式”，为这项工作在全国展开，提供宝贵的经验。

在中国社会科学院考古研究所成立 60 周年庆典活动上的讲话

（2010 年 7 月 27 日）

中国社会科学院考古研究所建所 60 周年庆祝大会

今天我们欢聚一堂，共同庆贺中国社会科学院考古研究所的六十华诞。在此，我谨代表国家文物局向中国社会科学院考古研究所表示热烈的祝贺！向多年来为我国考古和文化遗产保护事业作出突出贡献的各位专家学者致以由衷的敬意！

中国社会科学院考古研究所的成长与发展伴随着新中国文物考古事业的发展历程。在中央政府的高度重视和亲切关怀下，在中国社会科学院的正确指引和历届所领导的坚强领导下，考古研究所始终发挥着主力军的作用，长期引领着中国考古学的发展方向，为构建中国考古学学科体系，提高考古学理论建设与实践水平，推进我国文化遗产保护研究等，作出了巨大贡献。

六十年来，中国社会科学院考古研究所组织和参与开展了数千项田野考古工作，在文明起源研究、都城考古、科技考古等各个领域都取得了丰硕成果，受到海内外学术界的广泛关注。考古研究所在二里头、殷墟、汉长安城、汉魏洛阳城、隋唐洛阳城、大明宫、扬州城等重要古代都邑遗址开展了持续的考古工作，揭示出中华文明最为灿烂辉煌的历史瞬间。同时，积极参与中华文明探源工程、大遗址保护和国家考古遗址公园建设等工作，不断拓展考古学研究的广度和深度。考古研究所还积极投入黄河水库、三峡水库、南水北调等重大基本建设工程考古工作，为我国文化遗产保护和经济社会的和谐发展作出了应有贡献。此外，在人才培养、公众考古和国际学术交流等方面也开展了大量工作，进行了有益的尝试；由考古研究所主办的《考古学报》和《考古》等学术期刊，一直是我国考古学界的权威核心期刊，而每年由考古研究所组织举办的中国社会科学院考古学论坛，在推动考古科研成果和考古工作成果社会化、公众化方面，更起到了很好的示范作用。

在一甲子的岁月里，中国社会科学院考古研究所全体同人秉承夏鼐、苏秉琦等老一辈考古工作者“扎实、稳健、求真、务实”的优良传统和无私奉献、安贫乐道的精神，坚守考古学界严谨求实、勤奋创新的学风，在考古和文化遗产保护工作中披荆斩棘，不断开拓进取，与新中国文化遗产保护事业共同步入发展的黄金时期。我衷心希望中国社会科学院考古研究所能够以此次庆典活动为契机，在中国社会科学院的领导下，充分发挥国家级专业科研机构的表率作用和学术引领作用，牢固树立保护意识、科技意识和课题意识，不断加强自身建设，积极参与第三次全国文物普查、长城资源调查、基本建设考古和文物保护、科技考古、大遗址保护等各项重点工作，主动担负起传承和发扬祖国优秀文化传统的责任，使考古和文化遗产保护工作进一步融入社会发展，让越来越多的公众能够从文化遗产保护工作中受益，以实际行动让祖先创造的优秀文化遗产更有尊严，在我们手中得到传承、利用与发展！

关于将文化遗产保护领域作为促进学科交叉与融合试点领域的提案[①]

（2011 年 3 月）

在全球经济一体化的背景下，重视和发展学科交叉融合，既是科学技术自身发展的需要，更是我国经济社会可持续发展的现实需求。现代科技的发展，在研究专业精细划分的同时，学科交叉跨度也在不断扩大，诸多科学技术上的重大突破都出现在学科间的交叉地带。21 世纪，我国要缩小与发达国家之间的差距，必须依靠自主创新。学科交叉融合在实现自主创新中的重要作用已经得到了科技界的充分肯定，许多专家学者不断呼吁要大力发展交叉学科，将交叉的边缘学科作为新兴学科的增长点，以此推动我国科学技术进步，抢占国际学术制高点。

多学科综合研究是科学发展的大趋势，尤其对于文化遗产保护更显重要。今天，文化遗产保护科技已逐步呈现出基础研究与应用技术并重、高新技术与传统工艺结合、学科交叉和技术集成互补的发展趋势。传统保护方法已不适应文化遗产保护新理念、新实践，需要全面改进和更多学科的参与，需要集多学科联合力量聚焦攻克文化遗产保护难题。人文社会科学、自然科学需要进一步融合，打

① 此文为在全国政协十一届四次会议上的提案，联名提案人：詹祥生　王霞　王书平　王立平　龙瑞　田青　冯英　尼玛泽仁　朱乐耕　仲呈祥　杜滋龄　李素华　杨力舟　吴玉霞　宋春丽　宋祖英　张健　张海　张会军　张国勇　张学津　阿拉泰　陈力　陈醉　陈祖芬　林文增　赵秀云　赵维绥　侯露　姜昆　秦百兰　耿其昌　贾平凹　夏燕月　徐翔　郭瓦加毛吉　黄宏　黄济人　董良翚　于魁智，马博敏。

破部门、条块界限，建立共享平台，形成强势科技团体联合攻关，协同解决文化遗产保护的关键技术问题。

同时，应进一步扩大文化遗产保护科技的国际交流与合作。有针对性地引进国外先进经验,有目的地选择吸纳优质国际科技资源，在文物修复培训、区域考古调查、石窟壁画保护、大遗址保护等领域扩大交流与合作,并积极参与国际重大文化遗产保护行动,从经济、政治、文化、社会多角度认识和发挥文化遗产国际合作的意义。

近年来，在国家科学技术部的大力支持下，文化遗产保护领域的科技工作取得了长足进步。现代科学技术的引入和社会科技力量的广泛参与，大大提升了文化遗产保护工作的科技含量，一批重要的科技成果涌现出来，为保护中华民族宝贵文化遗产提供了重要支撑。更为重要的是，不同领域、不同学科的共同参与，推动了文化遗产保护科技工作从封闭走向开放，并在促进现代科学技术发展，特别是在促进学科交叉融合方面显现出积极作用和强大优势。

文化遗产保护本身是一项复杂的系统工程。文化遗产的多样性决定了其保护领域涉及众多学科,需要多学科之间的通力合作。同时,文化遗产类别多样、病害问题复杂和保护手段综合性强，又对科学技术提出了更高和更大规模的需求。不仅涉及材料科学、生命科学、信息技术、空间技术等自然科学,还涉及历史、艺术等人文社会科学,这就为自然科学之间、自然科学与人文社会科学的交叉融合，特别是跨学科研究、一体化的协调与合作提供了广阔平台，并为培养和锻炼高素质的复合型人才提供了重要的实践基地。

与此同时，文化遗产保护领域在对成熟学科的相关研究方法进行探索性移植时，将有助于促进进一步的科学发现和技术进步，形成新的学科生长点。可以说，文化遗产保护领域是极具产生交叉、边缘学科潜力的研究领域之一。此外，中华民族自古就是一个极具创造力和想象力的民族，5 000 多年的中华文明发展史，也是一部辉煌的创新史。重视和支持文化遗产保护科技工作，将对传承和弘扬中华民族特有的创新文化、激发创新活力发挥不可替代的重要作用。

当今科学技术的发展已进入了以“大科学”为标志的时代，需要政府、科学界及社会各界关注现代科学交叉研究的发展趋势和内在规律，采取措施进行必要的扶持和引导。因此，建议科技部进一步推动学科交叉融合，并将文化遗产保护领域作为试点领域，从以下方面予以加强：

一、会同国家文物局联合发布有关指导意见，全面指导“十二五”文化遗产保护领域科技工作，推动文化遗产保护科技的跨越式发展。

二、指导和支持文化遗产保护机构与社会优质科技资源联合组建跨学科、跨领域、跨行业、跨部门的国家文化遗产保护技术研发平台，协同解决文化遗产保护的重点、难点和瓶颈问题。

关于将文化遗产保护科技作为民生科技重点领域的提案①

（2011 年 3 月）

文化遗产保护是指针对文化遗产价值的调查、评估、认定、研究、展示、利用与传承，对文化遗产本体的保存、保全和修复等，以及对文化遗产相关环境的控制与治理。文化遗产保护科学技术包括人文社会科学、自然科学、工程与技术科学以及其他相关科学技术。文化遗产保护科学技术除了要探讨文化遗产保护中共性的规律、理论和方法外，主要是综合和专门地将一切有利于文化遗产保护的现代科学技术，包括已认知的传统技艺，施用于从认知到合理利用全过程的一切文化遗产保护领域。

文化遗产的科学研究和技术保护是国家公益性事业的重要组成部分，应成为国家科学技术创新体系中的重要领域。由于时序的单一方向性，象征着某个阶段人类文明活动的文化遗产，其本身都具有不可替代性和不可再生性。因此，必须遵循文物工作方针，坚持保护为主，在不断加强抢救性保护的同时，着力加强文物的预防性保护；坚持合理利用，着力发挥文物在引导社会、教育人民、推动发展中的积极作用；坚持公益属性，着力推动博物馆公共文化服务

① 此文为在全国政协十一届四次会议上的提案，联名提案人：詹祥生 王霞 王书平 王兴东 龙瑞 田青 冯英 尼玛泽仁 朱乐耕仲呈祥 刘敏 刘锡津 杜滋龄 李素华 杨力舟 吴玉霞 宋春丽 宋祖英 张健 张海 张会军 张国勇 张学津 阿拉泰 陈力 陈醉 陈祖芬 林文增 赵维绥 侯露 姜昆 秦百兰 耿其昌 贾平凹 夏燕月 郭瓦加毛吉 黄宏 黄济人 董良翚 于魁智 马博敏。

体系建设；坚持以人为本，着力推动文化遗产保护成果惠及民生；坚持政府主导、社会参与，努力形成全社会参与文化遗产保护的良好局面。

随着时代的发展，文化遗产保护也在向深度和广度方向发展，与社会生活的关联度越来越高。文化遗产保护的深度发展，意味着使文化遗产在人们的物质和精神生活中深深扎根，使人们对文化遗产价值的认识日益深化，与广大民众建立起更为紧密的文化与情感联系。文化遗产保护的广度发展，意味着使人们更多地拥有合理利用文化遗产的选择和机遇，更加全面地接受文化遗产教育并从中受益,使保护成果不断惠及广大民众文化生活的各个层面和所有方面。

进入 21 世纪，新科技革命发展势头更加迅猛，孕育着新的重大突破，也对文化遗产科技保护的理念和方法产生了前所未有的深刻影响。文化遗产保护迫切需要通过科研体制机制的创新，加强多学科交叉、技术集成的联合攻关，尽快形成科技对文化遗产保护工作的全面支撑。今天，应以新的观念对待文化遗产事业的发展，探索更积极、更合理、更有效的途径，为保护文化遗产提供更广泛、更强大的舆论支持和更丰富的物质保障，使文化遗产真正为社会公众所共享，有力地推动文化遗产所在地经济社会的和谐发展。

近年来，文化遗产保护科技工作取得了长足进步，行业科技意识明显提高，科技成果不断涌现，科技创新能力快速提升，一批制约文化遗产事业发展的重点、难点和瓶颈问题得以有效解决。但是，我们必须清醒的认识到，文化遗产事业的持续快速发展还面临着诸多挑战,我国从文化遗产大国向文化遗产强国的转变仍任重而道远。当前，我国文化遗产保护任务空前繁重，尽快推动文化遗产保护科技的进步，充分发挥科技的支撑和引领作用，是我们面临的紧迫而繁重的任务。

科技进步与创新是服务民生、让广大民众共享科技成果、共创和谐社会的重要途径。近年来，科技部与有关部门采取了一系列有关民生的科技行动，面向社会发展需求，把科技进步与管理结合、与管理的机制体制结合，与多个部门和地方采取联合行动的方式共同推动，使得科技成果的积累转化为社会显性成果。如科技部与农业部、卫生部、公安部、交通部等联合推出的一系列行动计划，取得了显著成效，使得全民在行动过程中受益。

当前我国文物保护科技的总体发展水平与国外发达国家相比，与国内其他行业相比，仍然相对落后，科学和技术的有效支撑和引领作用仍显不足，主要表现在技术供给总量偏低、科技人才匮乏、科技投入不足等方面。为此，建议科技部将文化遗产保护科技纳入民生科技重点领域，在以下方面予以重点支持：

一、进一步加大对文化遗产保护科技项目的支持力度，在国家科技支撑计划、973 计划等国家科技计划中予以倾斜。

二、指导和支持更多文化遗产科研机构，纳入国家科技创新体系，发展建设成为国家重点实验室和工程技术研究中心。

三、在文化遗产保护科技成果应用方面给予支持，做好科技成果转化与科学普及等相关工作。

在首届城市学高层论坛上的讲话

（2011 年 9 月 24 日 · 浙江杭州）

这些年，在文化景观遗产保护的过程中，文化遗产的概念、保护的范围不断拓展，其中最引人注目的是今年西湖文化景观成功列入《世界遗产名录》。

改革开放以来，城市建设在众多领域取得了前所未有的成就，但是对文化景观的重视和保护则很不够，在很多历史性城市出现了严重的问题。20 世纪 80 年代，城市政府为了解决诸多民生问题，对于文化景观遗产的保护顾及不上。20 世纪 90 年代，很多城市则是通过房地产开发形式，采取大拆大建的方法实施城市改造，使各地文化景观遗产受到严重伤害。最近十年，城市政府经济状况好转，不少城市开始建大广场、大绿地、大水面、景观大道、豪华办公楼等，对文化景观遗产造成新的破坏。在这个过程中，很多曾经美丽迷人的城市文化景观黯然失色。可喜的是，杭州市坚守了自己的文化理想，凸显了自己的文化特色。西湖文化景观申报世界文化遗产的过程，凝聚了杭州市民的共同心愿，成为文化景观遗产保护的强大力量。城市建设格局也从“西湖时代”走向了“钱塘江时代”。在快速发展的城市中心区内保护文化景观遗产，将在西方世界并不熟悉的东方湖泊申报世界文化遗产，难度可想而知，但是杭州西湖取得了成功。这个过程值得全国文化遗产保护领域加以研究，值得全国的历史性城市加以学习。

本次高峰论坛研究文化景观遗产保护，又给我们搭建了一个非常好的平台，搭建起了文化遗产保护和城市文化建设之间的桥梁。我担任过北京文物局局长，也担任过北京市规划委员会主任，经历过这两个单位我就发现，因为学科壁垒，相关部门、单位、行业之间沟通较少，但是文化景观的出现，给我们搭建起了学科融合的桥梁。多学科共同研究文化景观，才能出现新的气象。

这次高峰论坛的另一个主题是农民工问题，我觉得这样的安排充满智慧。农民工问题与文化景观问题并不是风马牛不相及的问题，而是密切关联，因为文化景观里面的人是最活跃的、最积极的，也是最重要的因素。快速发展的城市化进程，如何让农民工成为城市发展的积极力量，这方面杭州市积累了深厚的研究基础和实践经验。通过今天的论坛我们学到很多，并愿意在今后的日子里，积极地参与相关研究工作。

在泰安大汶口文化交流促进会上的讲话[①]

（2011年11月16日）

大汶口遗址所代表的时代非常重要，是为实证中华文明5 000年一直在努力探究的年代。前些年开展了夏商周断代工程，把中华文明的实证历史推到距今3 500年；现在正在开展的中华文明探源，目标就是再往前推1 500年到2 000年，就是大汶口文化这个时期，当然北边还有红山文化，南边还有良渚文化，大汶口文化也是最关键的文化遗存，它要证明中华文明5 000年，甚至比5 000年还长的辉煌历史节点。

山东是名副其实的文物大省，泰安又是山东省名副其实的文物大市，特别是在五十年代，这个地区的文物保护工作、考古研究工作、博物馆工作都走在了全国的前列，有非常好的基础。这次第三次全国文物普查，泰安做了认真细致的工作，普查结果为2 000多处，其中有世界遗产两处，国家级重点文物保护单位9处，列入各级文物保护单位的就有397处。

对人类世界文化遗产，泰安也做过独特的贡献。1972年联合国教科文组织产生了对人类文化遗产保护最具影响的《保护文化与自然遗产公约》，也就是我们所说的世界遗产公约。此前世界遗产只有两类，一类叫世界文化遗产，一类叫世界自然遗产。但是，

① 此文发表于《探源》，2012（1）。

1987年联合国教科文组织国际自然遗产协会的专家考察我国申报项目——泰山时，发现泰山具有不同于一般世界遗产项目的独特价值，即它不仅符合世界自然遗产的标准，也同时符合世界文化遗产的标准。国际自然保护协会副主席卢卡斯（Lucas）先生认为："世界遗产具有不同的特色，要么是自然的，要么就是文化的，很少有双重价值的遗产在同一个保护区内，而泰山便是具有双重价值的遗产。这意味着中国贡献了一件独一无二的特殊遗产，它将使国际自然保护协会的委员们大开眼界，要重新评价自然与文化教育的关系，从而开拓了一个过去从未做过，也从未想过的新领域。"可以说，泰山的申报丰富了世界遗产的内容，从此也改写了世界遗产的分类，即在以往世界文化遗产和世界自然遗产这两大类别之外，增加了"世界文化与自然双重遗产"这一新的类别。于是，世界遗产就包括三个类别，即世界文化遗产、世界自然遗产、世界文化与自然双重遗产，其中世界文化与自然双重遗产的概念就产生于泰山。

中华文明是世界几大古老文明之一，在人类文明史上占有重要地位。研究人类文明的起源和发展，不能不重视研究中华文明的起源和发展。经过长时间的探讨，学术界对中华文明的一些基本问题逐渐达成了共识。关于中华文明的发展，2009年7月，笔者在《求是》杂志上发表了一篇文章，题目是《谈谈中华文明的几个特点》，认为中华文明有几个基本特点。

一、中华文明的原生性

中华文明是在欧亚大陆东部产生的一支原生文明。近代以来，历史学者通过对考古学、古人类学、古文字学、民族学等文献资料的综合研究，逐渐揭示出中华远古历史在中国大地上发展的基本脉络。从目前的材料来看，至少在100万年前人类已经在中国广大的区域内活动。比如云南的元谋人距今约170万年、陕西的蓝田人头骨大约距今100万年、湖南郧县人头骨距今约100万年。“而河北阳原泥河湾发现的一些早更新世地点，虽然没有人类化石出土，但是测定的年龄十分古老。比如小长梁遗址大约距今160万年，近几年发现的沟底遗址更早，有可能接近200万年”。由上述的云南元谋人、陕西蓝田人、湖南郧县人等“猿人”；到广东韶关马坝人、山西襄汾丁村人等“古人”；再到广西柳江人、北京山顶洞人等“新人”，三个阶段构成原始人类时期。

根据考古成果研究，我国稻作农业文化可推进到1万年前。生活在今天的人们，已经难以想象1万年前祖先的生活方式。经过仰韶文化和龙山文化时期的发展，中华文明经历了从起源到逐步形成的过程，社会复杂程度更加明显，夏、商、周时期逐渐进入高度发达的阶级社会。再经过秦、汉及其以后两千多年的封建社会的发展和衰落，中华文明走过了一个漫长的历史过程。

在中华文明起源的研究中，夏鼐先生和苏秉琦先生都提出过十分重要的见解。夏鼐先生认为，文明的起源应该追溯到新石器时代。苏秉琦先生认为中国文明的起源是一个非常复杂的过程，应该有不同的模式，有原生型，还有次生型和续生型，最后才形成以汉族为主体的多民族统一国家。他们这些论述的正确性不断被新的考古发现和学科研究成果所证明。

公元前3 500年前后，在我国新石器时代考古学文化中，渐渐出现了一些新的现象。北方地区，分布于内蒙古东部和辽西地区的红山文化晚期遗址中，发现了代表红山文化最高层次中心聚落的大型祭祀建筑群、积石冢及以玉雕龙为主的随葬玉器群。南方地区，长江下游的杭嘉湖地区发现了面积达30多平方公里的浙江余杭良渚文化遗址群，遗址群中心有莫角山大型宫殿建筑基址等，这些发现以无可辩驳的事实说明了中华文明的原生性特征。

二、中华文明的可信性

我国古代文献中，把黄帝和炎帝时期作为中国历史的肇始期，把夏代作为第一个王朝。中华文明被认为具有五千年的历史。作为历史依据，见于司马迁的《史记》。但《史记》对黄帝和炎帝乃至尧舜禹时期的记述都属古史传说的范畴，对夏代历史的记载也极其简略，很难据此全面地研究当时的历史。正因为如此，国内外学术界有人怀疑中国是否真正拥有五千年的文明史，部分国外学者甚至怀疑夏朝是否真正存在过。要解决这一问题，消除学术界存在的种种疑虑，仅仅依靠古代文献是远远不够的。近50年来，我国考古学取得了一系列举世瞩目的成就，大批重要的考古发现为我们研究中华文明的悠久历史提供了重要实物依据。

20世纪80年代，夏鼐先生在名著《中国文明的起源》中提出了考古学研究我国文明起源这一学术课题，需要着重探索三种标志性遗存，即作为政治、经济、文化各方面活动中心的城市、文字记载、冶炼金属，被称为“文明三要素”。一是关于城市。我国已经发现不少古代城址，其中较大规模的城址至少在仰韶文化的晚期已经出现。如河南郑州西山古城遗址，属于仰韶文化的大河村类型，始建距今已超过6 000年。而更多的古代城址，出现于稍晚的龙山时代，地点分布更为广阔。二是关于文字。我国发现最早的古代文字是商代的甲骨文和金文，这是完备而成熟的文字。在商代之前仰韶时期与龙山时期的陶器上都发现有许多刻画的符号，普遍认为与文字有关。大汶口文化有符号的陶器，时代大约在公元前2 500年。良渚文化陶器上和玉器上的文字，则大约出现在公元前3 000年到公元前2 300年。三是关于冶炼金属。在我国出现很早，如在陕西姜寨遗址发现的半圆形黄铜铜片，是目前发现的最早的铜器；在甘肃林家遗址发现的小铜刀，属于马家窑文化，年代在公元前3 000年左右，是目前发现的最早的青铜器。

早在1959年，考古学家徐旭生先生就根据古代文献记载的夏王朝主要活动区域进行考古调查，在河南豫西发现了偃师二里头遗址。经过近50年来对遗址的发掘工作，在近4平方公里的范围内，发现有纵横交错的道路，大型宫殿建筑遗迹，青铜器冶铸、烧陶、制骨等手工作坊址和各类墓葬，出土了高等级的青铜礼器、玉器及各类陶器等，反映了我国历史上真正意义上的王权形成。

1928年我国学术机构首次组织对殷墟的发掘，考古发现和科学研究成果，进一步证实了文献中只有零星记载的商王朝的存在，更使《史记·殷本纪》等文献所载内容成为信史。殷墟出土的15余万片甲骨不仅证明古老的汉字是独立起源的，还提供了我国古代独立的文字造字法则。这对3 000年以来的我国文化产生了根本性的影响，至今仍为世界上1/4的人口所使用。在冶炼金属方面，殷墟是出土商代铜器最多的遗址，总数约6 000件，其所展示的高度发达的创造文明成果的技术手段是独有的。也充分证明了中华远古文明的可信性，并为最终形成更为完整、系统的结论奠定了坚实的基础。

三、中华文明的整体性

中华文明的形成既是多元的，也是一体的，即所谓“多元一体化”。秦汉以后逐渐形成了中华民族，它既是指生活在我国的各民族共同建造的国家，又是今天在我国领域内56个民族的总称。中华民族的主流是由许许多多分散孤立存在的民族单位，经过接触、混杂、联结和融合，形成一个我中有你、你中有我，而又各具个性的多元统一体。中华文明的演进过程，首先是多元文明的融合，是互相整合，而不是互相灭绝。中国地域辽阔，民族众多，方言隔阻，是靠文化思想和文字为纽带，维系多元一体的文化格局。各个地区的文化通过相互竞争、碰撞、融合，最终形成了完整的中华文明。

中华文明整体性延续不断的主要原因，一是中华文明本身的规模因素，即地域的广阔和整体规模的巨大，形成了一种难以征服与分割的力量。中华文明在政治、经济、文化等方面已经形成了完整的相互关联的文化整体。曾经对中华文明构成威胁的其他文明最终都被这一规模巨大的文化整体所吸收和同化。二是中华文明本身的文化因素，以血缘为纽带的关系，发挥着巨大的维系文明的作用。如对中华民族共同始祖炎、黄二帝的崇拜，影响深远，使中华文明在多元发展的同时，一以贯之地保持了完整性。戴逸先生曾分析过对我国文化影响较大的诸项因素，包括经济条件、政治结构、社会结构、地理环境，这些都对中国文化的发生、发展有所影响。首先，我国是农业社会，自给自足的小农经济长期占统治地位，商品经济不发达。在这样的一个农业社会里，民族性格既有勤劳朴实的一面，也造成了稳定保守的一面。其次，我国几千年的政治体制、政治结构是长期的封建专制主义。从秦代算起已有2 000多年历史，给我国的传统文化打下了很深的烙印。第三，我国是个宗法、家族制度普遍盛行的国家。宗法意识、家族意识非常强烈，传统文化就是在这样的社会结构中形成的。第四，地理环境也对我国文化产生了较大影响。我国是位于亚洲东部的大陆，东面是海洋，西北是高山、沙漠,在这样的地理环境中形成了中华文明独立而完整的文化系统。

四、中华文明的连续性

人类四大古老的文明，都是沿着江河发祥的。大约从公元前 3 500 年到公元 500 年间，世界各地先后出现了尼罗河流域的古埃及文明、幼发拉底和底格里斯两河之间的巴比伦文明，印度河与恒河流域的古印度文明、黄河和长江流域的中华文明。然而，除中华文明之外，几乎所有这些古老的文明都曾在其文化发展史上出现过中断现象。如果与其他三大古代文明相比，中华文明的起源不算最早，但是中华文明却是唯一从未中断过的文明。在数千年的发展历程中，虽然历经磨难，饱受风霜，然而其文化传统却始终一以贯之，未曾中断。

中华文明同根同种同文完整地保留下来，传至今天，这在整个世界人类历史上是很独特的现象。对此袁行霈教授认为：我们可以从地理环境中找到一些答案，前三种文明都是在相对集中的一个较小范围内展开的，回旋的余地不大，一旦遭到强悍的外族入侵和战争的破坏或自然灾害，就难以延续和恢复。而中华文明则是在一个很大的范围内开展的，回旋的余地很大，便于将不同民族的势力和文化加以吸纳与整合，也不致因地区性的自然灾害而全体毁灭。

自从文明的曙光初照神州，中华各民族的祖先就在这片古老而辽阔的土地上生存、繁育。我们今天生活在这片土地上的人们就是那创造古老文明的先民之后裔，在这片土地上是同一种文明按照自身的逻辑演进、发展，并一直延续下来。同时，中华文明在发展过程中显示了巨大的凝聚力，不仅没有中断，也没有分裂；只有新的文明因素不断增加进来。苏秉琦先生指出：世界上没有哪一个像中国如此之大的国家有始自百万年前至今不衰不断的文化发展大系。

五、中华文明的先进性

技术发明是一切人类活动的共同基础，它深刻地影响着人类的生活方式、经济发展和文化价值取向。在相当长的历史时期，我国发明家引领着世界技术创新的潮流。从春秋时期到宋代的1 800多年间，我国的技术发明始终走在世界前列。中华民族经过5 000多年的迁徙、演化和融合，成为世界上人数最多的民族，创造了灿烂辉煌的传统文化。影响深远的诸子学说，浩如烟海的历史古籍，气象万千的诗词歌赋，匠心独运的书画雕塑，泽被后世的四大发明等等，这些都令世界惊叹不已。

公元前600年，我国发明了液态生铁冶炼技术，使铁矿石源源不断地变成铁，并且直接铸造成型。这项发明在较大范围内促进了金属工具的广泛使用和兵器的更新，使人类历史迅速进入铁器时代。大约在公元前300年，古代中国人发明了深井钻探技术，使人类能够获取深藏在地下的财富。古代中国人发明的瓷器，取代了陶器，为人类抹去了石器时代留下的最后一道痕迹，成为我们这个星球上每个家庭必不可少的用品。在公元前1世纪到公元15世纪期间，我国在获取自然知识并将其应用于人类的实际需要方面比西方要有成效得多。盛唐时代，我国就已是世界各国进行经济政治文化交流的主要目标国。1700年前后，我国和印度这两个东方大国的经济收入都还处在当时世界的前列。只是到了清代中后期，中华文明才渐渐落后于世界文明的潮流。

近二三十年来，我国传统文化已经为许多西方学者所重视。1988年，许多国家的几十位诺贝尔奖得主聚集法国巴黎并发表宣言，指出人类要在21世纪生存下去，必须回首2 500多年前，去汲取孔子的智慧。这就是说，西方学者在对自身文化进行反思的同时，开始重视我国传统文化。实际上，孔子和老子早已是历代欧洲哲学家们心中伟大的思想家。今天人们看到，在联合国大厅里，赫然写着“己所不欲，勿施于人”的中国格言，说明我国传统文化在整个人类社会发展中的重要地位和深远影响。

由此可见，大汶口遗址非常重要，对于上述中华文明的基本特点起着重要的支撑作用，因此，大汶口遗址是正在进行的中华文明探源工程的重要地点，也是我们城市建设中的重要文化资源。泰安的城市建设要有文化城市发展的定位。今天不少城市也在喊建设“文化大市”“文化强市”，但是它们缺少文化资源。有的地方高喊“文化复兴”，但是并不知道什么才是真正的文化复兴。

所谓文化复兴，第一，就是你曾经有过灿烂的文化，今天才有资格高喊文化复兴。美国人能喊文化复兴吗？他们没有5 000年的文明历史，那时他们那里还是蛮荒之地呢！什么都没有，复兴什么啊？我们有5 000年，6 000年，甚至更为悠久的灿烂文明，所以我们可以理直气壮地提出文化复兴。第二，我们的文明历史是连续不断的，我们祖先创造的文明延续至今，两河流域的伊朗、伊拉克，以及埃及、印度，都有悠久的历史和灿烂的文化，但是今天居住在那里的人们，与过去创造文明的人们并没有血缘关系，古人不是今人的祖先，由于战争、迁徙、自然灾害等原因，族群换了，民族换了，血统换了，因此也不提“文化复兴”，不能复兴过去与自身没有血缘关系的其他民族的文明历史。第三，我们今天有复兴的资源和复兴的能力，也是今后需要努力的方向。

我们今天的城市建设，有一个很严重的问题，就是“千城一面”，缺乏文化特色。缺乏文化特色的原因，就是没有深入挖掘自己城市的文化内涵。但是泰安不一样，泰安是一个有着深厚文化底蕴的、有着灿烂文化的城市。所以在城市建设过程中，要避免从一个伟大的灿烂文化汇聚的城市，沦落为一个平庸的毫无特色的城市，因此，一定要在新一轮的城市建设中有文化作为，高度重视文化资源。现在一些城市由于缺少文化资源，甚至在争抢名人故里，争抢名人墓葬，争抢名人遗迹。但是泰安不用争抢，都保存在文化空间之中，是别人夺不走，抢不去的“我有他无”的文化资源，关键要格外珍惜，深入挖掘，加以弘扬。

大遗址，是根据我国考古遗址的特点，提出的具有中国文化遗产保护特色的概念。经过多年努力，大遗址保护在全国范围内得到广泛推进。近年来，伴随一批考古遗址公园建设项目相继启动，不仅为考古遗址本体和周边环境的保护、研究、展示和利用提供了空间与可能，而且也改善了当地民众的生活条件，美化了城市环境，增强了民众的自豪感，提高了城市文化生活品位。

从高句丽遗址、殷墟遗址、金沙遗址和鸿山遗址等大型考古遗址公园建设的试点，到大明宫遗址、隋唐洛阳城遗址等大型考古遗址公园建设实践的扩大，再到实现良渚遗址、牛河梁遗址和临安城遗址等大型考古遗址公园规划建设的起步，这一研究、探索与实践的历程，使通过建立考古遗址公园，整体保护大遗址的方式逐渐得到人们的关注和认可。对于带动全国大遗址的全面保护，起到重要示范作用。应该说，考古遗址公园建设是大遗址保护进展到一定阶段，具备一定基础后，融合创新的产物，也是当前解决我国城市核心区和城乡结合部大遗址保护问题的最具现实意义和操作性的一种途径。

例如四川成都的金沙遗址保护和建设考古遗址公园的过程值得

借鉴。2001 年 2 月，考古人员在金沙村发掘出土了大量玉器、金器、青铜器以及象牙等珍贵文物，这一发现立即在国内外引起轰动，对金沙遗址的保护也成为社会关注的焦点。文物考古部门立即设立金沙遗址考古工作站，全面负责金沙遗址片区考古工作，并不断获得新的考古收获。2003 年 1 月，成都市政府正式决定建设金沙遗址博物馆保护设施和展示设施。2004 年 9 月，《金沙遗址保护总体规划》经四川省文物部门批准实施，对 456 亩原属于多家企业产权的土地进行置换和回购，妥善安置居民 620 人，确保了金沙遗址保护范围和金沙遗址博物馆建设用地需要，将金沙遗址摸底河以南保存较好的祭祀遗迹区，整体划入金沙遗址保护范围，保护范围内只允许修建与发掘、保护相关的设施，而文物陈列馆、文物保护中心等设施则规划在摸底河以北的一般保护区。2005 年 3 月，金沙遗址保护工程及博物馆建设正式启动，并对长达 10 余公里的摸底河进行全面疏浚、截污、绿化，改善和优化了金沙遗址的文化景观环境。2006 年 4 月，占地 30 公顷的金沙遗址公园和建筑面积 4 万平方米的金沙遗址博物馆建成并对外开放。其中金沙遗址博物馆遗迹馆，采用建筑最大跨度 120 米的钢结构建筑设计，将金沙遗址已探明的祭祀遗迹分布集中区全部覆盖，有效地改善了祭祀遗迹的保存环境，为进一步开展考古发掘工作创造了条件。金沙遗址博物馆文物陈列馆，建筑充分利用地下空间，公共活动面积适宜，建筑与遗址环境协调，确保博物馆参观的整体效果，为陈列布展提供了良好空间。

在我国，考古遗址公园被称为是一项实践操作先于理论研究的新生事物。为了加强大型考古遗址公园的理论研究，近年来，国家文物行政部门召开了一系列专题会议，在一定程度上达到了统一思想的目的。实践表明，在大多数情况下，通过建立大型考古遗址公园，进行大遗址保护与展示的总体设计，都能够取得良好的效果，不仅有利于节省保护和整治所需大量资金，也有利于避免因不适当的城市建设而导致对大遗址原有价值的破坏。同时，人们也注意到，大型考古遗址公园的建设，是一项科学性极强的工作，应突出展示大遗址所蕴涵的历史、科学、艺术价值和人类与自然环境的融合关系。

由于各处大遗址情况千差万别，因此在考古遗址公园的建设中，应明确不同考古遗址的保护展示主题，在设计意图、环境衬托、细部处理上，强调因地制宜，形成自身的特色。同时，在一些大遗址保护中局部采取适宜方式的保护性复原展示，也已经越来越得到认可，因为它既有利于保护文物本体，又有利于保持遗址的真实性，还能为人们提供立体形象的感性概念，是一种值得探讨的展示方式。通过一系列的实践，大遗址所拥有的资源优势逐渐显现，使大型考古遗址公园在城市文化建设上可以大有作为。

当前，迫切需要认真研究并规范相关概念和核心理念，建立一套相对完整的管理体系，调动各方面的积极力量，尤其是地方政府的积极性，推动考古遗址，特别是大遗址保护工作持续展开，探索可持续发展的考古遗址公园建设模式。在这方面，大汶口遗址可以作为建设国家考古遗址公园的积极实践项目。

泰安离济南很近，具有优势，但是也有缺点，就是很多游客到泰山游览以后回济南吃饭住宿。旅游的效益不仅在于来访者的人数，还在于来访者人均的滞留时间。要通过城市文化建设和文化遗产保护使更多的来访者愿意留下继续参观。要告诉来访者除了泰山之外，这里还有很多值得参观的内容，例如齐长城、大汶口遗址，以及各类博物馆。要建立信心，大汶口遗址公园必将丰富多彩，6 000 年前人们的生活也会再现，有很多好的办法。我们对此充满着期待。

在中国考古学会第十四次年会上的讲话

（2011年11月22日·浙江嘉兴）

今天，我们在有着浓厚历史文化底蕴的嘉兴召开中国考古学会第十四次年会，以“长江下游考古学研究”为主题，共同探讨影响我国考古学发展的重大课题。同时，我们向尊敬的宿白先生九十华诞表示祝贺。首先，我谨代表国家文物局向中国考古学会会员代表表示衷心的祝贺！同时，我作为一名光荣的中国考古学会普通会员，借此机会向在座的各位学会领导，各位理事表示崇高的敬意！

中国考古学会自成立以来，已经走过了三十余年的成长历程。在夏鼐、苏秉琦、宿白、徐苹芳等历任理事长和常务理事们的悉心关怀下，在全国考古工作者的鼎力支持下，中国考古学会与时代同步发展，成为我国考古学界最为重要的一个学术团体，始终指引着中国考古学学科前进和发展的方向。而以张忠培先生为理事长的新一届理事会上任以来，学会以全新的姿态活跃于学术科研和考古工作的第一线，从三峡考古、南水北调考古到大遗址考古的实践，从东北地区、长江流域的区域文化研究到中国玉文化的探讨，学会积极引导广大考古工作者研讨当今考古学科和考古工作的前沿问题，为考古学科建设搭建起交流与合作的平台。

今天，借学会第十四次年会召开之际，我也简单谈几点意见。

一、中国考古学的发展历程

从 1921 年安特生发掘仰韶村遗址，开启了我国近代田野考古学的发端，到李济先生主持的西阴村发掘，再到多位考古学者参与、持续至今的殷墟考古和研究，中国考古学走过了 90 年的历史，让五千年的中华文明史告别了懵懂的传说时代，化为历史长河的恢弘画卷，愈来愈清晰地呈现在世人面前。中国考古学见证了中国近现代历史的硝烟战火，也经历了新中国的国盛民强。

中国考古学自诞生之日起，就吸纳了世界考古学的最新理念和方法，以重建中国古史为己任。李济先生组织对安阳小屯的考古发掘，使得商代历史真正成为信史，也让殷墟成为中国考古学的圣地和摇篮；梁思永先生发现并确认了后岗三叠层，首次辨识出仰韶、龙山和殷商文化的发展序列，成为中国田野考古技术大发展的显著标志；城子崖、斗鸡台、燕下都等一系列重要考古工作，开始揭示出中华文明历史进程的星星之火；即便是在战火纷飞的抗日战争和解放战争时期，考古人仍在西南、西北等地探寻着古老中国的历史脉络。中国考古学家白手起家、艰苦创业，积极探索中国人和中国文化的来源、中国文明的起源与发展等重大学术问题，中国考古学作为一门新兴的学科逐步在学术舞台上展示出其特有的魅力。

新中国的成立为考古工作的大发展和中国考古学科的进步提供了良好的外部环境。《文物保护法》《考古发掘管理办法》等一系列法律法规和方针政策相继颁布，考古管理体系框架初步建立；国家举办了四期考古工作人员训练班，培训了 340 余名专业技术人才，有效缓解了新中国成立之初人才紧缺的状况；北京大学、吉林大学等十余所高等院校相继设立了考古专业或考古系，为地方输送了大量高学历的专业人才；地方考古管理机构和科研机构纷纷成立，成为考古和文物保护工作的中流砥柱；而中国考古学会，以及其他地方考古学会的成立，则大大推动了考古学学科的快速发展。新中国考古事业的主要领导者、组织者夏鼐先生在中国考古学的学科建设、田野考古技术规范创立、考古学文化的理论探索、中西交通史和科技史研究等方面做了大量开创性的工作；苏秉琦先生创造性地提出了中国国家形成的“三部曲”和发展模式的“三类型”，在区系考古的理论和实践、中华文明起源和重建中国史前史等方面作出了突出贡献。正是在他们的指导下，以探讨中国文明的起源、形成和发展脉络为主题的具有中国特色的考古学逐步形成。牛河梁、良渚、陶寺、二里头、偃师商城、三星堆祭祀坑、曾侯乙墓、秦始皇兵马俑等考古工作获得了一系列重要发现，三峡、黄河小浪底等国家重点建设项目中考古工作顺利开展，水下考古、动植物考古、科技考古、航空遥感考古等工作全面推进，对外交流合作日渐频繁，学术气氛空前活跃，中国考古学的文化系列和编年框架逐步确立，呈现出蒸蒸日上的新局面。

进入21世纪，中国考古学迎来了蓬勃发展的时期。在制度建设、机构设置、人才培养、科技创新等方面的有力保障下，在宿白、徐苹芳、邹衡、俞伟超、张忠培、严文明等考古学家的指引下，中国考古学进入了发展的快车道。聚落考古、科技考古、实验室考古的发展极大地丰富了考古学理论、技术和方法，考古学的研究对象、研究角度、研究手段等日益拓展；区域系统调查促进了不同区域、不同学科专业单位的合作，考古学者的视角更为广阔，拥有的材料更为丰富，新发现及其新发现带来的新成果层出不穷；人类起源、农业起源、文明探源、石窟寺考古、盐业考古等重要课题研究深入开展，探讨古代社会政治、经济和生活等方方面面；中华文明探源工程等国家重点科研项目采用多学科合作研究和跨学科联合攻关的方式，取得了大量学术成果，有力推动了考古学科的发展。特别是近年来围绕大遗址保护而开展的良渚古城、汉唐帝陵陵园遗址等调查和发掘，让中华文明的核心价值和民族精神得以传承和发展；高句丽遗址考古工作更对高句丽王城、王陵及贵族墓葬申报世界文化遗产起到了至关重要的作用。中国考古学逐渐走出了学术的象牙塔，更加关注学术科研成果的普及，更加重视公众文化需求和文化权益的满足，走出了一条科学化和大众化相结合的发展道路。

二、中国考古界的优良传统

我国的考古工作者群体是一支优秀的文化遗产保护人才队伍，不论是考古学诞生之初与外国学者分庭抗礼时的自信和坚持，还是战争年代在硝烟炮火中探寻古迹、埋头钻研的无畏与执着；不论是在基建工地上争分夺秒抢救国家珍贵文物时的永不放弃，还是在实验室中通过科技手段获取各类考古信息的一丝不苟，我们的队伍一直秉承着勤奋、严谨、求真、务实，“跟着材料走”的治学之道，长期以来形成了良好的工作作风。

一是科学探索的精神。考古学是一门严谨的人文科学，是以实物证据为基础，对古代社会的解读和复原，由不得妄自猜测和揣度。现代中国考古学虽然与西方考古学有着很深的渊源，但是中国考古学者从未盲从和攀附西方，而是结合我国考古遗址自身特点，建立起具有中国特色的考古学学科体系，探索出一条符合中国国情的学科发展之路。

二是艰苦奋斗的精神。“晴时一身土，雨天一身泥”，正是田野考古工作的真实写照。很多考古工地位于人迹罕至的乡间荒野，工作条件和生活环境都很艰苦；有的基本建设考古项目时间紧迫，常常要求考古人员披星戴月，加班加点。不论是广袤戈壁，还是浩瀚海洋，只要文物需要保护，就能看到考古人的身影。他们担负起守护国家文化命脉的重任，也在长期工作中形成了坚忍不拔、锲而不舍的优良传统。

三是敬业奉献的精神。考古科研工作异常清苦，从田野发掘，到资料整理，再到日后的系统研究，每一项成果的取得都要耗费考古工作者巨大的心力，甚至要几代人坚持不懈的付出与努力。面对社会上急功近利的浮躁风气，广大考古工作者能够甘于寂寞，淡泊名利，始终坚守着考古人的信念和理想，始终坚守着考古行业的行为准则和道德底线，在市场经济的浪潮中默默无闻地做好田野和案头工作，这正是我们学术发展的脊梁。

四是理性思考的精神。文化遗产的保护和利用必须走可持续发展的道路，要为子孙后代留下可供研究的资料。长期以来，考古工作者本着对历史负责、对子孙负责的态度，正确处理文物保护与科学研究的关系，不为眼前利益所动，反对“挖宝”的思想，坚持不主动发掘帝王陵寝和贵族墓葬的原则，有计划地开展科学考古工作，让祖先创造的宝贵财富得以有序传承。

三、中国考古学的新转变和发展的新方向

九十年的成长壮大，使中国考古学在国际考古学界逐步拥有了自己的话语权，逐步形成了自身特色，理论体系不断完善、科技水平日益提高、专业人才崭露头角、科研成果层出不穷，学科发展呈现出良好的势头，成为我国文化遗产保护工作发展的坚强后盾。同时，

随着学科的不断发展，中国考古学也呈现出一些新的转变，逐步变成了考古工作者的自觉行动。

一是逐步改变了“重发掘、轻调查”的观念，更加关注对大遗址的考古调查和整体价值挖掘。在注重对重要遗迹和墓葬考古发掘的同时，更加致力于考古遗址整体内涵的阐释和遗址本体的保护，通过一系列重要的考古调查项目对考古遗址形成较为全面的认识，为制订保护规划，统筹考古遗址的保护、发掘、展示和利用等各项工作提供科学依据。

二是逐步扭转了“重考古、轻保护”的倾向，保护意识明显增强。在山西绛县横水、陕西西安凤栖原、湖北荆州熊家冢等考古发掘现场，考古工作者与科技保护人员积极配合，将考古发掘过程与遗址保护工作同等看待、同时进行，让保护贯穿于考古工作的全过程。同时，考古机构也注意将考古工作贯穿于文物保护工程的全过程，根据考古工作所揭露的遗址价值和保存状况，审慎决定相应的保护措施，提出专业意见和建议。

三是逐步改变了“重发掘，轻整理”的局面，考古资料整理和公布工作得到显著提高。考古工作者越来越认识到考古报告出版的重要性，从职业道德和社会责任的高度，积极做好资料整理和报告编写工作，很多积压多年的考古报告陆续面世，据不完全统计，“十一五”期间编辑出版考古报告200余部。但是，仍有一些已经发掘了十几年、几十年的考古发掘资料，像阿斯塔那古墓群、草鞋山遗址等重要考古资料迟迟得不到整理和出版，工作仍任重而道远，需要我们继续努力。

四是逐步改善了“重研究，轻普及”的状况，考古知识的公众普及工作得到了广泛重视。考古研究工作不仅仅是专业的、行业的、部门的工作，而是全社会的共同事业。考古工作者在做好学术研究的同时，已经开始关注社会公众对于考古工作的知情权、参与权、监督权，重视推动公共考古学的普及，强调考古工作和考古遗址保护的公众参与，通过形式多样的现场参观、专家讲座、夏令营活动等积极传播考古学基本知识，使社会公众，特别是中小学生有机会亲近考古遗址、爱护考古遗址。

随着新时期对考古遗址保护的更高要求，中国考古学呈现出了新的发展方向，这也是国家文物局近年来着力推动和全体考古工作者努力加强的主要工作。

一是增强了考古遗址保护的紧迫感。在当前城市化加速进程和大规模城乡建设的背景下,考古遗址及其环境的保护形势异常严峻。放慢保护实施步伐，就可能导致更多考古遗址惨遭损毁。在这一形势下，全国考古工作者坚定不移地贯彻《文物保护法》和文物工作方针，加快考古遗址，特别是位于城近郊区的考古遗址抢救和保护的工作步伐，妥善处理好城市发展、新农村建设与文物保护之间的关系。

二是高度注重考古遗址保护与经济社会发展、改善民众生活之间的和谐共赢，使考古遗址保护真正纳入经济社会发展规划、城乡建设规划，使考古遗址保护最大限度地得到各级政府，特别是当地政府及当地民众的拥护和支持。近年来，考古工作者通过积极开展考古遗址的保护、展示和利用工作，逐步推进考古遗址公园建设，使考古遗址成为城市中最美好的地方，成为对城市景观环境贡献最大的地方，充分发挥考古遗址保护的社会效益。

三是着力推进行业建设和队伍团结。当前，城市建设中的考古遗址保护工作任务异常繁重，三峡后续工程、南水北调、西气东输、高速铁路和公路等国家重大基建项目纷纷上马。在此形势下，全国考古工作者继承和发扬考古前辈无私奉献、严谨求实的工作作风，加强考古行业的团结，凝聚全行业的学术和技术力量，加强对重大考古理论和实践问题的探讨，在实际工作中不断提升考古工作水平，树立起考古工作者良好的职业形象。

四是加强了专家学者、专业机构与行政部门之间的互相理解与沟通。专家学者、专业机构与行政部门从不同的工作角度致力于文物保护工作，虽然各有倚重，但是目标一致。为此，行政部门坚持科学决策，充分发挥专业机构的咨询作用，尊重并充分吸纳专家学者的意见，确保决策的科学性。同时，专家学者和专业机构支持行政部门依法行政，严格依照法律法规，最大限度地实现文化遗产保护的目标。

今天，国家实施文化兴国的战略措施，为新时期考古学的发展提出了新的要求。在这样的社会背景下，更要求中国考古学会充分发挥学术引导作用，凝聚和团结全国考古工作者，不断激发他们的责任心和使命感，让他们主动投身于基本建设考古、大遗址保护、长城资源调查、大运河申报世界文化遗产、学术研究等各项工作中。通过考古工作者的共同努力，大力推进我国考古和文物保护工作全面、协调、可持续发展，让文化遗产保护成为弘扬民族精神，培养民众的文化自觉和文化自信，推动全民族文明素质提高的有力举措，让中华传统文化在我们手中传承并不断发扬光大。

关于加强文物博物馆科学技术领域协同创新的提案①

（2012 年 3 月）

今天，文物事业发展进入从“数量增长”走向“质量提升”的重要时期，科学技术的发展速度和预期空间将超过以往任何时期，文物博物馆领域孕育着一场重大变革。只有着力解决制约文物博物馆科学技术发展的诸多主要矛盾和瓶颈问题，才能实现文物事业的可持续发展。因此，必须将科学技术真正摆在文物事业优先发展的战略地位，深刻理解和科学把握文物博物馆科学技术的发展，既要符合文物事业发展的规律，也要符合科学技术发展的自身规律。

近年来，文物保护科学技术管理工作坚持深化体制机制改革，完善文物博物馆科学技术的管理体制、工作机制、评价机制和奖励机制，激发科学技术创新的活力，以体制机制创新为动力，推动文物博物馆科学技术工作的可持续发展。逐步形成了依靠法规强化管理、依靠规划引导管理、依靠标准规范管理和依靠技术手段辅助管理的科学技术管理模式。国家文物局在博物馆与社会文物司的基础上，进一步明确了科技司的职能，文物博物馆科学技术行政管理能力得以加强。行业科学技术管理制度体系初建完成，涵盖了行业科

① 此文为在全国政协十一届五次会议上的提案，联名提案人：龙瑞　杜滋龄　郭瓦加毛吉　姜昆　董良翚　夏燕月　侯露　王川平　张柏　詹祥生　范迪安　濮存昕　赵汝蘅　吴为山　席强　滕矢初　冯小宁　张平　陈醉　阿拉泰　张廷皓　宋春丽　陈立德　耿其昌　徐翔　张国勇　张会军　张艺谋　胡振民　刘秀荣　崔建华　刘宇一　徐庆平　杨春霞　阎维文　韩美林　覃志刚　雷元亮　金铁霖　宋雨桂。

学研究课题、科学研究基地、科学技术成果、科学研究奖励和专家管理等方面规范性文件及指导意见的先后出台，科学研究管理水平显著提高。

长期的实践表明，科学技术是文物保护工作又好又快发展的重要引擎。近年来，新技术革命有效带动了文物保护科技的发展，开放合作战略的实施，又进一步推动了文物保护科技的进步，若干制约文物博物馆事业发展的重点、难点和瓶颈问题得以解决，融合文物博物馆单位、高等院校、科研院所和企业的技术创新体系初步构建，并进而形成了以技术、组织、制度为要素的行业创新体系。

但是，与国外文化遗产保护强国相比、与国内其他行业相比、与文物博物馆事业的紧迫需求和繁重任务相比，我们的整体科技水平还相对落后。主要体现在：科技投入不足，科技基础条件十分薄弱；学科体系不健全，学科间集成创新水平不高；科技人才紧缺，创新团队建设步伐缓慢。在体制机制方面，开放合作还不够深入，合作仍然停留在单个项目上,各主体之间尚未建立稳定的合作机制，导致难以实现深度的资源共享和快速的知识流动，难以形成更高水平的技术成果，难以实现单点技术突破向集成技术突破的转变，许多问题无法从根本上得到解决。

文物的保护是一项复杂的系统工程，文物种类繁多、病害千差万别，涉及学科众多，是自然科学、工程技术科学，以及人文社会科学大跨度交叉融合的领域。从文物保护科技的发展规律和文物保护领域的资源、条件基础来看，如果没有学科间、机构间、行业间、中央与地方间长期、稳定、深入的合作，就无法真正推动文物保护科技创新，无法解决文物保护中的瓶颈问题，更无法完成文化建设发展对文物保护、利用和传承的迫切要求。

因此，必须进一步推动“开放、流动、联合、竞争”的运行机制的建立，更好地促进跨学科、跨领域、跨部门、跨行业的联合攻关。通过体制机制创新，建立和完善多元合作机制，利用社会优质资源，加强博物馆科学研究组织机构建设。例如通过文物博物馆单位与科研院所、高等院校合作组建专业性创新联盟；通过国家和地方合作组建区域性创新联盟等方式，推进专业、区域等多种形式创新联盟的健康快速发展，完善行业创新联盟建设和运行机制；通过培育国家重点实验室或国家工程技术研究中心，组建行业重点科研基地，搭建以国家科研院所为核心，联合行业重点科研基地，扩大基地发展规模，优化基地功能布局，提升基地科研基础条件和科学研究能力；通过建立开放合作的文物保护和博物馆科学技术创新平台，加大和深化部门间、机构间的联系与沟通。

加强协同创新是文物保护科技发展的必然选择。文物保护领域的协同创新，就是要形成一个稳定、长效的合作机制，建立起文物系统内外的互信互利关系，开放文物保护领域丰富的研究资源，整合、利用科技界在人才、仪器设备、知识储备等方面的资源优势，建立共享机制，集中力量办大事。这就需要加强政府部门的宏观调控，在政策上加以引导；同时，为协同创新活动提供稳定、有力的经费支持，保障各项工作平稳有序推进。

为此，建议进一步加大对文化遗产保护科技的支持力度，设立文化遗产保护科技行动专项，瞄准文化遗产保护领域协同创新需求，启动从资源深度共享、项目深度合作，到建立协同创新战略联盟的试点，全面提升文化遗产保护领域的协同创新能力。

在中国文物学会第七届常务理事会第一次会议上的讲话

（2012年6月13日）

中国文物学会第七次会员代表大会在与会代表的共同努力之下，取得圆满成功。我们开了一个团结进取的大会、一个继往开来的大会。大会选举了中国文物学会第七届理事会，第七届理事会选举了会长、副会长、秘书长（即常务理事），标志着学会领导班子新老交替顺利实现。这是中国文物学会工作的一个新的起点。

在此时刻，我们深深地怀念刚刚去世的第四届老会长，第五届、第六届名誉会长罗哲文先生。罗哲文先生德高望重、博才多学，为文化遗产事业奋斗了一辈子，为学会的发展壮大也付诸了艰辛的努力，他的贡献将永远载入中国文物学会的史册。中国文物学会的工作也得到了历届国家文物局领导的支持和指导。今天，国家文物局励小捷局长在百忙之中，莅临大会，并为中国文物学会的未来发展作出重要指示，我们要认真学习，努力贯彻落实。昨天下午，我再次到医院看望了张文彬老局长，向他汇报了故宫博物院的工作，祝他早日康复。告别时张文彬局长坐在轮椅上满怀深情地一直把我送到电梯口，令我十分感动。我想这就是我们文物系统的老传统、好传统，即格外重视友谊，视文物事业为生命，齐心合力、众志成城搞好文物工作。

今天对于我来说格外激动。我要特别感谢大家的支持，感谢各位会员代表的信任，自从1994年我被委派担任北京市文物局局长以来，在座的不少专家学者就给予我经常性的指导，为把我培养成为一名坚定的文物工作者，付出了不少心血。特别是我在国家文物局工作的近10年时间里，各位专家学者、全国文物系统的同事们、中国文物学会的会员们更是给予我多方面的支持和鼓励。最近根据文物系统众多朋友们的建议，我写了一份10年工作总结，300万字左右，字里行间都可以感受到在座各位专家学者和全国文物工作者对我国文物事业发展所作出的艰苦努力和无私奉献。

中国文物学会是文物界最大的全国性社团组织，团结了一大批高级专家学者和全社会积极参与支持文物保护的有识之士，拥有3 000多名会员。多年来，在学会历任领导班子的带领下，取得很多工作成绩，扩大了学会的社会影响，也为今后的发展奠定了坚实的基础，我们表示崇高的敬意和衷心的谢意。这次会员代表大会选举在座的同志们为会长、副会长、秘书长，这是全体会员对我们的信任和重托，也寄予着深切的期望。新时期新形势下中国文物学会肩负的任务重、要求高、责任大。我们要围绕文化遗产事业发展的中心，做好学会的各项工作，充分发挥学会的社团组织职能作用。

刚才彭卿云老师向我们介绍了上一届学会领导班子工作情况、制度和经验。彭卿云老师自1997年6月担任中国文物学会领导职务至今已经15年，在学会的班子建设、会员队伍建设、制度建设、业务建设等方面作出了突出贡献，为学会的发展振兴付出了辛勤的劳动，打下了坚实的基础。特别是在主持本次会员代表大会的筹备工作中，作出了无私的奉献，表现出一名专家学者的高风亮节，我们表示衷心的感谢。这次代表大会已经通过彭卿云同志担任名誉会长。在今天的常务理事会上，我提议，聘任彭卿云老师为中国文物学会书刊总编辑；同时提议李晓东老师为中国文物学会书刊编辑顾问。各位常务理事如无异议，请大家鼓掌通过。

我们希望彭卿云老师继续关心、支持学会的各项工作，指导帮助我们改进工作，把学会的工作做得更好。

对于中国文物学会今后的工作我有以下几点意见，提请各位专家和与会代表指导和监督。第一要保持文物特色，坚持国家文物工作方针，贯彻《文物保护法》，紧密围绕文化遗产保护中心工作开展各项活动，体现文物工作的特点和特色，为文化遗产事业的发展尽力尽责。第二要保持学术特色，团结专家学者和积极参与支持文物保护的各界人士，为文化遗产保护建言献策、咨询论证、技术支持、培育人才，在理论学术方面有所建树、有所造诣，体现文物学术的特点和业务专长。第三要保持公益特色，服从于服务于文化遗产事业的发展，服务于公共文化建设的需要；学会需要取得必要的经费，但是从方向上不以营利为目的，不能办成单纯追求经济利益的营利性组织。

学会作为一个社团组织，没有编制，没有经费，管理体制和机制不同于行政机关和事业单位。刚才，彭卿云老师已经向大家介绍了多年来学会工作和管理中的一些原则和惯例作法。我们在今后工作中应该坚持这些原则，并在实践中不断改进完善方法，并将其制度化。

在这里，我想就学会自身建设强调几点：

一是增强责任感。作为学会领导班子成员，办好学会、促进发展是我们大家共同的义不容辞责任。希望各位副会长群策群力为开拓学会的活动领域、扩大学会的影响、发展学会的组织共同作出努力；积极策划学会的活动，在人力物力财力方面给予更大的支持；同时积极承接、完成学会安排的工作任务。通过大家共同的努力，将学会办得更加红红火火，办成一切有志于文化遗产保护人士之家。

二是恪守职业操守。以中国文物学会会长、副会长身份参加各类社会活动,应向学会报告,提供邀请函件、活动计划,讲话发言稿件,由秘书长报请会长同意后再参加。在参加活动过程中,要严于律己，遵守学会章程，遵守文物博物馆职业道德，自觉树立学会的良好形象。在特殊情况下表态、处理有关学会事宜，应事先或事后及时报告学会秘书长，重大问题通过秘书长向会长及时请示。不得以学会领导职务的身份参与文物鉴定、古玩营销、商品广告等商业性活动，不得以该身份牟取私利。

三是坚持节俭办会。本学会经费自理，感谢彭卿云会长为学会积累了家底，也感谢各位常务理事为学会提供热情赞助。目前除了不多的会费收入外，还没有其他稳定的收入来源。这次代表大会非常感谢李瑞森副会长的热情赞助。少花钱多办事是基本原则，每一分钱都要花在刀刃上。各位领导班子成员应邀参加各类活动，均由邀请方承担全部费用，学会不报销任何费用。来京参加学会的会议，也请自行解决往返交通费和食宿费用。同时，除负责日常工作的、在学会上班的专职工作人员外，各位会长、副会长一律不再在学会领取薪酬和津补贴。这是一项制度，请秘书长认真落实。

四是加强日常联系。各位副会长、常务理事来自不同的地区、不同的单位，希望大家今后多交流多沟通。要拓宽加强联系的渠道。一是按照章程的规定，每年适时召开两次会议，必要时通讯联系，交流情况，研究工作。二是办好会刊，沟通信息。三是发挥学会办事机构的枢纽作用。学会办事机构设在北京东城区戏楼胡同 1 号柏林寺院内。这次选举黄元同志为秘书长。黄元同志 1991 年 5 月到国家文物局工作，现任机关党委副书记，长期从事社团管理工作，有着较丰富的经验，今年正好60岁即将退休。学会日常工作委托黄元同志主持，重大问题要提交常务理事会研究。我们聘任赵永芬同志负责办公室工作。赵永芬同志长期在国家文物局博物馆司工作，熟悉文物博物馆业务，也善于联系专家学者和各界人士。学会办事机构工作人员坚持精简的原则，面向学会、面向广大会员做好各项服务工作。各位副会长也要同秘书长、同学会办事机构保持联系、同心协力推动学会工作。

关于今年下半年的工作，主要是做好基础工作，摸清家底：

一是办事机构做好交接工作，进入正常运作。二是深入各个分支机构调研，理顺关系，支持分支机构开展活动，促进工作的规范化。三是加强会员的登记管理工作。四是提出专家委员会名单。五是围绕学习全国文物工作会议精神，开展必要活动。六是做好节庆慰问专家活动。为文物系统的各位专家服务好，将永远是学会的重要职责。七是整理本次代表大会文件资料，编印《中国文物学会通讯》。

我相信，有大家的同心协力，学会的工作一定会出现新的起色，得到更大的发展。我们对此充满信心！

在中国文物学会分支机构负责人通气会上的讲话

（2012年7月13日）

今天，中国文物学会召开分支机构负责人通气会。刚才各分支机构负责人都汇报了工作，也介绍了下半年工作计划，我很受启发很受感动。中国文物学会伴随文物事业的发展不断完善，分支机构开展工作都非常有积极性和创造性，是一个非常好的团队，是一个有影响、有抱负、有奉献精神的团体。非常感谢大家的辛勤努力。

中国文物学会于6月13日召开了第七次会员代表大会，老会长彭卿云同志代表学会领导班子做了工作报告，大会通过了学会章程的修正案，选举产生了第七届理事会和会长、副会长、秘书长。在大家的共同努力之下，这次代表大会开得很成功，学会顺利实现了新老交替，标志着学会工作的一个新的起点。

今天召开分支机构负责人通气会，主要目的是沟通情况，加深了解，推动工作。今后每年要召开一次会议，加强大家的沟通与联系。在会员代表大会筹备工作期间，彭卿云老会长向我们介绍了各个分支机构的基本情况，介绍了学会有关分支机构的管理制度。通过今天的座谈会，我们也切实感到各个分支机构是学会开展各项工作的基础，正是大家的积极工作，为学会的组织建设、制度建设、业务建设奠定了基础，为学会的巩固和发展增添了活力。我们希望大家再接再厉地开展工作，使学会工作承前启后、继往开来，在新形势下迈上一个新的台阶。

我要强调的是，做好学会各个分支机构的工作，要坚持学会的宗旨。在新修订的学会《章程》中规定了学会的宗旨是："团结关心、热爱、支持文物事业的各界人士和单位，宣传贯彻《文物保护法》，提高全民族的文物保护意识，开展文物保护、文物考古、文物科技、文物修复、文物人才培训、文物交流的研究，促进文物事业发展，弘扬中华文化。"《章程》还规定了学会的业务范围。学会的各项工作，包括分支机构的工作，都要自觉践行上述宗旨，在规定的业务范围内开展活动。

中国文物学会越在基层越有影响力和凝聚力，基层的同志对我们开展的活动看得很重。我们的一言一行、举办的活动都很有影响，以此团结一切关心、热爱、支持文物事业的各界人士和单位。要注重围绕文物事业的大局和中心工作来开展学会的活动。最近，我参加了全国文物工作会议。这次会议为今后一个时期文物事业的发展描绘了蓝图，要实现这个蓝图，需要全国文物系统的共同努力。中国文物学会要在国家文物局的领导下开展活动，很多业务性、群众性的活动由学会来承办，为中心工作添一把力。在今后工作中要注重以下问题。

第一，中国文物学会工作要突出"文物"二字。要坚持党和国家"保护为主、抢救第一、合理利用、加强管理"的文物工作方针，遵循《文物保护法》，我们开展的各项活动都要放开视野，紧密围绕文化遗产保护这个中心，在各个分支机构研究的领域内多做实事，开展活动都要体现文物工作的特点和特色，遵循文物工作的客观规律，为文化遗产事业的发展尽力尽责。学会分支机构多，但要与时俱进，围绕中心工作做规划，填补空白。如考古遗址保护、历史文化名街、古村镇保护、近现代文物保护等，都可以开展一些活动。

第二，中国文物学会要注重在“学”字上做文章。各项活动要保持学术本色。学会团结着我国一大批高级专家学者和积极参与支持文物保护的各界人士。要开辟渠道，积极组织他们为文化遗产保护建言献策、咨询论证、技术支持、培育人才，在理论学术方面有所建树、有所造诣，体现文物学术的特点和业务专长。同时，举办论坛、研讨会要遵守有关规定，主题要鲜明，论点要集中在文化遗产保护上，多一点文化底蕴，多一些学术品质，形成学会有影响力的品牌,形成一支文化力量。各分支机构可以适当增加一些培训业务，为培养人才作出努力。

第三，中国文物学会要保持公益性质。《章程》规定，学会是全国性、学术性、非营利性社会组织。学会从办会方向上应服从于服务于文化遗产事业的发展，服务于公共文化建设的需要。学会需要取得必要的经费，但是从办会方向上不以营利为目的，不能办成单纯追求经济利益的营利性组织。我们积极支持各个分支机构开展丰富多彩的活动，，同时我们要求每一个分支机构都要按照自己的业务范围开展活动，保持专业委员会的特色，不要从事与学会章程规定的宗旨和业务范围无关的活动，不要从事与本分支机构业务范围不相符合的活动。特别需要说明的是，当前文物市场管理不够规范，文物市场存在相当混乱情况。在这种情况下，学会包括分支机构的工作和活动，不要参与社会文物鉴定、古玩营销、文物拍卖等活动，也不要开展涉及这一领域的各种合作项目。这要成为一条制度。目前有的分支机构存在的文物鉴定业务要严格按照法律规章和国家文物局的规定办事，逐步淡化，直至退出。

第四，要加强对分支机构的管理。按照民政部的有关规定，社会团体的分支机构是社会团体的组成部分，不具有法人资质，其法律责任由设立该分支机构的社会团体承担。这就要求学会必须依法合规地加强管理工作。学会上一届领导班子制定了《中国文物学会分支机构管理暂行办法》，这是一项重要的制度，我们要坚持执行这一制度，并在实践中不断健全完善。当前要特别强调，一是各个分支机构的工作要有计划、有总结，特别是每年年终要向学会报年度总结和下一年度计划。每开展一项重要活动，要事前与学会办公室沟通，事后报送活动的全部文字材料和照片资料，便于扩大宣传。二是各个分支机构要按照规章制度做好换届改选和所承担的会员管理工作。三是由于分支机构不具备法人资格，因此对外（包括国内外单位、团体和个人）签订合同、协议，必须由学会法定代表人审定、签署；或经学会法定代表人审定，并授权有关负责人签署；重大项目要报请常务理事会或会长研究审批后方可签署。四是财务管理方面，在目前分支机构不具备银行账户的情况下，要实施学会统一管理。财务收支必须依法合规，自觉接受学会的审批，接受审计单位的审计监督。我们也希望各个分支机构给予学会以资金上的支持。五是各个分支机构的负责人要切实负起领导责任、工作责任，积极组织开展活动，加强组织建设，完善规章制度，扩大组织凝聚力、创造力和影响力。

第五，要注重职业道德建设。最近，受国家文物局委托，由中国文物学会和中国博物馆协会联合修订颁布了《中国文物、博物馆工作者职业道德准则》。这一《准则》不仅是对全国文物系统从业人员的行为规范，也是对中国文物学会全体会员、各个分支机构的行为规范。希望大家要熟知熟记《准则》，认真把握《准则》，自觉遵守《准则》，用《准则》规范自己的行为，增强社会责任感。

第六，要加强各个分支机构的沟通与联系。要把加强分支机构的建设作为学会的一项基础性工作。学会办事机构与分支机构的负责人保持密切联系，深入各个分支机构调查研究，不断完善管理制度，促进分支机构工作的规范化制度化。同时各个分支机构也要加强与学会的请示沟通，重大活动商请学会常务理事参加，把各项工作扎实开展起来，增强学会的整体合力。

开展好各个分支机构的工作和活动，是学会生机与活力的重要体现。希望学会各位领导、各个分支机构负责人共同维护学会的团结一致，共同树立学会的良好形象，共同推动学会事业的发展进步。

在中国文物学会第七届会员代表大会第二次会议上的讲话

（2013年8月6日）

今天，我们召开中国文物学会第七届会员代表大会第二次会议，这也是第七届理事会第二次会议。刚才，学会黄元秘书长向会议汇报了学会自去年6月召开第七次会员代表大会以来的工作。应该说，一年多来学会活动内容丰富，形式多样，组织建设也有所发展。这些成绩的取得离不开大家的共同努力，离不开各分支机构、专业委员会积极性创造性的充分发挥。

一年来的工作有一个良好的局面，但是不能满足已有的成绩。要按照关于加强作风建设的要求，加强和改进学会工作，更加求实，更加扎实，更加接地气，更加有朝气。

第一，要以服务大局的意识谋划工作思路

中国文物学会是文物博物馆界全国性、学术性的社会组织，层次高，影响面大。这就要求我们要善于了解、把握文化遗产事业发展的大局。在当前经济建设快速发展的背景下，文化遗产保护面临的矛盾非常突出，保护的任务非常繁重。我们要围绕事业发展的大局开展活动，发挥社会组织的作用，服务于大局。例如在最近由全国政协文史和学习委员会、中国文物学会在登封市联合举办的“保护世界遗产 建设美丽中国”座谈会上，与会专家们强调，当前我国

世界遗产工作已经由数量的扩张向质量的提升转变，世界遗产组织对中国遗产工作的期望越来越高，我们必须要提高世界遗产保护工作的能力和水平。我们还呼吁，各级政府要重视世界遗产地的旅游环境建设，有关部门应该尽快组织力量，下大气力整顿旅游秩序。这种强调，这些呼吁，紧紧扣住了世界遗产保护与发展的主题，反映了世界遗产地管理机构的诉求，也帮助有关部门梳理了当前世界遗产保护管理工作中存在的突出问题。我们要以这种思路来开展活动，确实对当前文化遗产保护工作起到积极作用，使每一次活动都有新意，都有新效果，来团结各个分支机构所联系的会员，来凝聚他们的智慧和力量，来发挥他们的优势和经验，来反映他们的意愿和要求，共同对文物保护工作的发展有所贡献。我们在活动中要坚决克服形式主义，每举办一个活动，都要有鲜明的主题，坚决不搞那些只有轰动效果而毫无实际意义的，不能帮忙只能添乱的活动。学会有一条规定，分支机构重大活动要向学会报批，学会重大活动要向国家文物局报批，这条规定一定要切实落实和执行。

第二，要以求真务实的态度推动工作落实

我们曾经提出，学会工作要突出一个“学”字，在学问上做文章。我们倡导各位理事，各个分支机构负责人要认真学习文物工作方针和法规，注重对文物保护中遇到的新情况、新问题的研究探讨。去年，我们举办了纪念《文物保护法》颁布 30 周年暨修订 10 周年座谈会，邀请了各位分支机构负责人参加，其意义在于倡导大家学习、了解、掌握《文物保护法》的基本内容，树立依法办事的理念，把本分支机构的活动纳入依法保护文物的规范。各个分支机构开展的学术活动，学会的各位领导也分别参加，有的到会讲话，有的做讲座，体现出学会对分支机构学术活动的重视和支持。我们还高兴地看到，我们的老会长彭卿云先生亲自执笔主编学会与中国文化遗产研究院合办的刊物《中国文物科学研究》，不少分支机构也编印了内部交流刊物，例如《传统建筑园林通讯》《世界遗产在中国》《文物修复研究》等，开辟了学术研讨与交流的园地。开展各项活动和工作要求真务实，就是要倡导大局意识、科学态度和求实精神，每一次活动要提出鲜明的主题，有主旨发言，引导大家有针对性地对各个专业领域工作学问做深度的研究和探讨，实事求是地提出问题，解答问题。召开研讨会要征集好论文，大会发言要提高质量，学术成果要编印成册，来诠释学会“学”字的深刻内涵。注重克服没有学术内容的活动，不要搞作秀的活动，更不能举办或参与片面追求经济利益、不符合学会宗旨的收藏、鉴宝、拍卖等活动。

第三，要以心怀敬意的情感搭建服务平台

做好老文物工作者、老专家的服务工作，是学会工作的一项重要责任。老同志在新中国建设、改革各个历史时期都作出了重大的贡献，是新中国文物事业创立与发展的功臣。我们要发自内心地敬重老文物工作者、老专家，以感恩之心做好服务工作，铭记他们的功绩和贡献，继承他们的美德和精神，传承他们的学识和经验，畅通他们表达建议、愿望和需求的通道。做好老文物工作者、老专家的工作是学会的奉献，每年重阳老人节、春节要邀请他们座谈聚会。学会的重要活动，要在老同志身体健康允许的情况下，在接待条件有所保证的条件下，邀请他们出席，听取他们的咨询意见，体现学会的尊重、学习、关心和服务。

第四、要以规范有序的制度加强自身建设

在第七次会员代表大会上，我们通过了新修订的学会章程。要坚持按照章程办事，明确宗旨、责任意识，增强使命感和责任感。我们这次会议后，还将召开常务理事会，审议《关于加强分支机构管理的办法》，确认各个分支机构选举和改选的结果，促进分支机构管理工作的规范化和制度化。对于分支机构，在数量的不断扩大的同时，也要注重质量的提高，逐步做到，一有规则制度，二有领导班子，三有会员队伍，四有经常性工作和活动，切实将自己的会员凝聚在学会周围。目前没有做到“四有”的分支机构，要逐步达到标准。长期做不到的，特别是有违规行为的，要实施整顿撤并。我们希望每一名团体会员和个人会员，都要珍惜学会的声誉，维护学会的信誉，绝不做有损于学会利益的事情。

今天会议的全部议程已经完成。感谢各位理事、各位会员代表对学会工作的支持，特别是外地的同人远道而来参加会议，我们表示真诚的谢意。会后我们还要继续召开常务理事会，按照章程的规定，讨论学会建设事宜。

办好中国文物学会的事情，是我们共同的责任和义务。让我们携手努力，把中国文物学会办得更加富有生机和活力，为文化遗产事业作出更大的贡献。

在第十四届中国科协年会院士专家座谈会上的发言

（2012年9月9日）

近年来，随着我国经济社会的快速发展，文化的力量和价值越来越为全社会广泛认知，文化遗产的保护与利用给国家和地区发展带来的推动作用日益凸显。文物部门紧紧把握历史机遇，在国家发展大局中找准工作定位，积极承担社会责任，在融入经济社会、促进自身发展等方面，进行了一系列理论创新和实践探索。

一、实现新时期文化遗产的应有尊严

文化遗产是民族文化、民族心理、民族精神的结晶。一个民族的文化遗产，凝聚着这个民族对世界和生命的历史认识和现实感受，积淀着这个民族最深层的理想追求和行为准则，承载着民族的认同感和自豪感。一个国家的文化遗产，代表着这个国家的历史、国家的形象，是一个国家文化的“根”与“魂”。因此，从一定意义上讲，维护文化遗产的尊严，就是维护民族的尊严、国家的尊严，就是守护一个民族和国家过去的辉煌、今天的资源、未来的希望，就是守护自己赖以生存的精神家园。

长期以来，由于认知的局限，文化遗产的综合价值往往被忽视或低估，一些地方甚至将文化遗产视作城市建设的“绊脚石”和经济发展的“包袱”，导致在日益加速的城市化进程中，文化遗产资源不断减少，文化记忆快速消失，许多文化遗产在各种人为和自然因素的破坏下，面目全非，逐渐丧失了应有的尊严。面对错误的认识和严峻的形势，文物部门加大理论创新和实践创新，鲜明提出“向往美好生活的城市，必然使文化遗产拥有尊严，而有尊严的文化遗产，必然使城市更美好”。

强调维护文化遗产尊严，就是要依法落实各级政府保护文化遗产的责任，使人们从思想上认同民族文化、民族精神，用世界的眼光、历史的眼光和发展的眼光，深刻认识文化遗产的价值，认识文化遗产保护的现实意义，通过文化遗产保护和传承，将丰厚的文化遗产资源，转化为国家的文化软实力，让文化遗产成为人们生活中最美丽的地方、最具魅力的地方，最有品位的地方，成为城乡发展的不竭动力和宝贵财富，成为国家和地区的骄傲。

伊朗德黑兰市传统艺术研究所

为此，文物部门在西藏文化遗产保护、少数民族地区文化遗产保护、四川汶川地震灾后文化遗产抢救保护、涉台文化遗产保护等一系列重大文化遗产保护工程中，在大运河、丝绸之路文化遗产保护和申报世界文化遗产过程中，坚持政府主导、社会参与，坚持传统技艺和现代方法相结合，坚持人才培养与当地民众参与相结合，坚持体制机制创新、保护模式创新，把实现文化遗产尊严，树立文化遗产尊严融入文化遗产保护的具体过程。

二、文化遗产事业融入经济社会发展

我国经济社会发展转型以来，社会上关于文化遗产保护与经济社会发展的关系，文化遗产保护与合理利用的关系等方面始终存在争论。针对这些事关文化遗产保护的根本问题，文物部门积极探索，直面回应，旗帜鲜明地提出，文化遗产保护要融入当地经济社会发展，成为促进经济社会发展的积极力量。要把文化遗产保护与当地民众生活水平提高相结合，充分认识和理解广大民众对发展经济、改善生活的热切愿望，重视文化遗产保护范围内的基础设施建设和居民生活条件改善。

要把文化遗产保护与当地城乡基本建设相结合，挖掘和展示城市所蕴藏的独特历史文化内涵，着力保护历史街区、历史村镇的格局风貌、保持地域文化特色。要把文化遗产保护与当地环境改善相结合，在文化遗产保护管理中，注重对文化遗产所依存生态环境、人文环境的保护。要把文化遗产保护与城市产业转型，优化城市空间格局和资源配置，促进文化旅游等相关产业的发展相结合，促进区域经济社会全面协调可持续发展。

随着经济社会的快速发展和城市化进程的加快，大遗址保护与经济发展、城乡建设、民生改善之间的冲突日益加剧。为破解文化遗产保护与经济社会发展和广大民众生产生活之间的矛盾，文物部门制定大遗址保护总体规划，积极实施一系列大遗址保护工程，使文化遗产保护综合效益逐步彰显，较好地实现了“文物本体保护好、周边环境整治好、经济社会发展好、人民生活改善好”的目标，使大遗址保护工程成为民心工程、民生工程。

实践证明，考古遗址公园建设找准了文化遗产保护与经济社会发展的结合点，从根本上扭转了大遗址保护的被动局面，成为既有利于文化遗产保护，又有利于当地经济社会发展的成功范例。目前，首批 12 座国家考古遗址公园已经建成，赢得社会普遍好评；23 座国家考古遗址公园正在建设，得到各级政府的积极响应。一系列文化遗产保护的创新实践，为构建中国特色文化遗产理论体系作出积极贡献。

三、文化遗产保护成果惠及广大民众

广大民众是文化遗产的创造者、使用者和守护者，是文化遗产的真正主人。广大民众的积极参与和支持，是文化遗产事业的未来和希望。文化遗产与当地民众有着天然的历史、文化和情感联系，这种联系已经成为文化遗产价值体系中不可分割的组成部分。只有紧紧依靠广大民众，最大限度地实现好、维护好、发展好广大民众的根本利益，让更多的民众充分享受文化遗产保护成果、参与文化遗产保护行动，才能真正实现文化遗产的有效保护、合理利用、传承发展。

近年来，在强调各级政府保护文化遗产责任，保障广大民众公共文化权益的同时，大力支持广大民众参与文化遗产保护的积极行动，大力弘扬广大民众自觉保护文化遗产的奉献精神。坚持把文化遗产保护成果惠及广大民众作为文化遗产保护的出发点和落脚点，作为检验文化遗产保护成败的前提和标准。始终把保障广大民众的知情权、参与权和受益权放在首位，努力使广大民众在参与文化遗产保护上“各尽其能”，在共享文化遗产保护成果上“各得其利”。

正是对这一理念的坚持和实践，才使得像四川羌族碉楼村寨抢救保护、新疆“坎儿井”文化遗产保护、安吉生态博物馆建设、“三坊七巷”社区博物馆建设、南海1号沉船整体打捞等，越来越多的文化遗产保护和博物馆建设工程，受到当地政府和广大民众的热烈欢迎，深入民心、深得民意。实践证明，只有当地居民倾心地、持久地自觉守护，才能实现文化遗产应有的尊严，有尊严的文化遗产才具有强盛的生命力；只有全体民众积极投入文化遗产保护之中，才能使文化遗产保护形成强大的社会意志。

今天，文化遗产保护不再仅仅是专业的、部门的、行业的工作，而是全体民众共同关注、共同参与的事业。文化遗产保护理论与实践只有与时俱进、不断创新，才能顺应时代要求，不断满足广大民众日益增长的精神文化需求；只有做到发展目标为了广大民众、发展过程依靠广大民众、发展成果由广大民众共享，才能保持文化遗产事业发展的蓬勃生机和旺盛活力，才能在和谐社会建设中作出更大的贡献。

在中国文物保护技术协会第六次全国代表大会的发言

（2012 年 9 月 11 日）

首先祝贺“中国文物保护技术协会”第六次全国代表大会的召开。

三十多年来，中国文物保护技术协会一直遵循科学发展观，为建立一套东方文物保护的理念、原则和方法，为建立具有中国特色的文物保护技术体系而不懈努力。学会紧紧围绕文物保护工作中的实际问题展开学术研究、探讨，为全国文物保护科技工作者搭建好学术交流平台。学会所开展的各种工作，促进了文物科技工作水平的提升。

借此机会谈四点意见：

一、中国文物保护技术协会组织具有人才荟萃，学科齐全，联系广泛的优势，要紧紧围绕国家文物事业发展的战略目标，引导科技工作者积极开展用新技术改造和提升传统工艺技术方面的研究，选准科技创新的切入点和解决问题的突破口，推动形成产、学、研、用互动的创新体系。

二、要引导科技工作者积极参加学术交流活动。着力搭建不同层次、形式多样的学术交流平台，是凝聚科技工作者创造热情和创新才智的主要方式。要着力创建跨学科综合性国际化学术交流平台，组织科技工作者紧紧围绕新兴学科、交叉学科等前沿领域广泛深入开展交流研讨活动，推动不同学科、不同专业的科技工作者进行学术交流。

三、充分调动科技工作者参与决策咨询的积极性。要引导科技工作者把参与决策咨询作为义不容辞的社会责任，积极主动在服务大局上选题目，围绕文化发展迫切需要解决的科技问题深入调研，积极建言献策。

四、科学研究是以诚实守信为基础的事业，自诞生起就抱追求真理，提示客观规律作为崇高目标，纵观科学发展历史，可以清晰地看出求真务实，为真理献身的科学精神，不仅是推动科学事业发展的不懈动力源泉，也是引导人类文化进步的主要标杆，要深刻认识加强科研诚信与学风建设的重要性和紧迫性。

在中国文物学会第七届常务理事会第二次会议上的讲话

（2012年9月13日）

今天，我们召开中国文物学会第七届常务理事会第二次会议。非常巧合，在三个月前的今天，也就是6月13日，中国文物学会第七次代表大会隆重召开；在两个月前的今天，也就是7月13日，我们召开了学会分支机构负责人通气会，部分副会长出席了这次会议。今天是9月13日，我们又一次召开会议，请在京的副会长（常务理事）出席，彭卿云名誉会长和在京出差的陈远平副会长也出席了会议。主要议题是三个：一是研讨当前学会工作；二是研究关于部分副会长分工联系分支机构事宜；三是审议设立的分支机构事宜。

关于学会当前工作，应强调“夯实基础、开展活动、树立形象”十二个字。

一、夯实基础工作

学会的交接工作已经基本完成，下一步要注重做好基础工作。

一是要做好会员年度注册工作，换发新的会员证，清理会员名册，积极发展新会员，巩固组织基础。

二是要做好专家委员会的推荐工作。专家委员会是学会重要的咨询机构，做好推荐工作，既关系到工作的开展，也关系到学会的形象和声誉。这件事一定要阳光公开，一定要审慎仔细，一定要集体审议。要把确实在文物保护领域学术造诣高、业务成果突出、业内公认的专家学者纳入到专家委员会中来。考虑专家委员会应该大体上由两类人员构成，一类是文博界高级专业技术人员，研究员、教授、高级工程师；一类是长期在文物界担任重要领导职务，对文物保护作出突出贡献的同志。这件事可以分两步走，第一步将原有的专家委员会委员（大约 100 人）填表登记，在摸清情况的基础上由常务理事会讨论标准，列出名单，审议公布。第二步，按照标准请各地文物部门推荐，坚持精干原则，完善专家委员会。专家委员会是常务理事会领导下的咨询机构,不是在民政部注册的分支机构。

三是加强对分支机构的联系和管理。分支机构的工作是学会工作的重要基础。今天我们明确了各位副会长联系分支机构的分工。各个分支机构的活动各有特点，工作基础不同，人员结构也不一样，工作指导也要因会制宜。目前分支机构大致分为三种情况，即需要巩固的，需要加强的，需要推动的。各位副会长要与所联系的分支机构的负责人取得联系，听取他们的汇报，为他们的工作把关号脉，参与他们的活动，对如何加强该分支机构的班子建设和组织建设提出意见。我们相信，各位副会长一定会负责地做好自己联系的分支机构的工作。今后设立新的分支机构，要坚持两个原则，第一要求紧密围绕文物保护这个中心，第二要求其负责人是文物界的骨干人员，可以是退下来的领导干部，也可以是高级专业技术人员。对目前不符合这两个条件的分支机构，或逐步完善，或逐步淡化，通过大家的共同努力，使学会的工作有新的起色。

二、积极开展活动

开展活动是学会生命力的体现。只有不断开展活动，学会的工作才会有生机和活力。中国文物学会的活动要紧密围绕全国文化遗产保护中心工作，开展符合学会性质的活动。

近三个月，学会的活动逐步组织起来。大致有三类：一是学会安排的活动，二是分支机构的活动，三是各地积极争取学会支持的活动。学会办事机构也积极联系，开展工作。

开展好学会的活动需要大家的共同支持和努力。孔繁峙副会长积极承办学会专家联谊会，我们表示感谢。我们也希望大家想方设法广开渠道开展活动。几位各地的副会长都很支持，湖南、福建、河北的三位副会长都提出了开展活动的方案，河南的副会长也积极要求把活动办到河南去。在座的同志们要为学会开展活动出谋划策，学会办事机构的同志们也要多付诸辛苦，使学会的活动更加活跃，更加丰富多彩。

三、树立良好形象

中国文物学会具有 28 年的历史，历任会长承前启后，使学会的队伍不断强大，工作不断创新，在全国文物界具有广泛的影响力。我们要继往开来，把学会的工作做得更好，树立起良好的形象。

一是加强宣传工作。办好一刊一网。《中国文物科学研究》这个期刊是老会长彭卿云同志艰苦创业、苦心经营起来的。后来与中国文化遗产研究院合办，成为文物界的一个核心刊物。今年初与中国文化遗产研究院签订协议，由中国文化遗产研究院作为第一主办单位。最近，我们正在与中国文化遗产研究院继续协商，完善合作机制，把这个刊物办得更好。同时开辟学会的网站，面向社会宣传学会的宗旨和任务，报道学会的活动，展示会员的学术成果，增强学会工作的透明度、公开度。

二是工作依法合规。学会的各项工作一定要符合《文物保护法》的规定，一定要在学会章程的框架下进行，讲求正气，注重形象。特别是文物市场是当前社会关注的热点，一些乱象也和我们学会的成员有直接的关系。我们要总结经验，弥补不足。今后学会不要参与社会文物鉴定、古玩营销、文物拍卖等活动，也不要开展涉及这一领域的各种合作项目。要成为一条制度。目前有的分支机构存在的文物鉴定等业务要严格按照法律规章办事，逐步淡化，直至退出。

三是注重文化品牌。我曾经在会员代表大会上，也在分支机构负责人通气会上多次强调过，学会的活动一要围绕文物保护这个中心，二要突出学术特色，三要坚持公益性。学会活动要多一点文化底蕴，多一些学术品质，不断扩大社会影响。我们要通过自身的努力，形成学会有影响力的品牌。只有这样，我们才能团结更多的会员，凝聚更多的智慧和力量。

希望各位学会的领导热情关心、积极支持学会工作，把学会办得更加富有生机，更加充满活力。

在中国考古学会第十五次年会上的讲话

（2012年11月22日）

首先，请允许我代表中国文物学会和故宫博物院，向中国考古学会第十五次年会的成功举办，表示热烈的祝贺。记得整整一年前的今天，2011年11月22日，中国考古学会第十四次年会在浙江嘉兴召开，我有幸应邀作为中国考古学会会员参加了会议。今天，特别感谢张忠培理事长和大家再次给予我难得的学习和交流的机会。

最近，我编著了一套共十卷本的《文化遗产·思行文丛》，使我有机会简要地回顾了一下在国家文物局的10年工作历程。过去的10年，是中国文化遗产事业面临考验的10年。城市化的快速发展，使城市建设以空前的规模和速度展开，文化遗产保护处于最危险、最紧迫、最关键的历史阶段。过去的10年，是中国文化遗产事业科学发展的10年。全国考古文博系统始终将文物法制建设、摸清文物家底、文物人才培养、文物安全保障，确定为重点抓好的四项基础工作，有人称为文物事业钉下了“四根桩”，为文化遗产事业的健康、持续、稳定发展奠定牢固的基础。过去的10年，是中国文化遗产事业理念进步的10年。凝聚全国考古文博系统的集体智慧，不断探索新形势下的工作规律，使机构不断得以充实、队伍不断得以壮大，成为经济社会发展中不可忽视的坚强力量，使考古遗址更加拥有尊严，使保护成果真正惠及广大民众。

借此机会，我要特别感谢在座的国家文物局的同事们和来自全国各地的同人们。我感到非常荣幸，能够和大家一起工作在发展变革的时代里，和大家一起参加文化遗产保护的实践，体味其中甜酸苦辣，信心不断增加，视野不断拓展，思路不断开阔。我感到非常荣幸，能够工作在团结和谐的集体中，全国考古文博系统就像一个大家庭，无论走到哪里，都有志同道合的同事，都有心照不宣的伙伴，相互鼓励，拼搏进取。这一时期与同事们朝夕相处的难忘经历，至今经常一幕幕浮现在眼前。例如这一时期，三峡工程、南水北调、西气东输、青藏铁路等一次次国家重点工程中的文化遗产保护联合行动，凝聚全国考古文博系统共同力量，保证重点工程顺利完成。“南海 1 号”沉船整体打捞、白鹤梁遗址水下博物馆建设，以及国家水下文化遗产保护中心的设立，使我国迈入水下文化遗产保护强国的行列。这一时期，在第三次全国文物普查中、在四川汶川抗震救灾文物抢救保护工程中、在长城调查和保护工程中、在中华文明探源工程中，考古工作者始终站在前列，考古学者的视角更为广阔，拥有的材料更为丰富，新发现及其新发现带来的新成果层出不穷。这一时期，通过西安论坛、良渚论坛、洛阳论坛、荆州论坛等一次次大遗址保护论坛的举办，使考古遗址公园和遗址博物馆的建设得到文物系统、地方政府和社会各界的高度关注，保护成果不断涌现，逐渐形成今天以“六片、四线、一圈”为核心、150 处大遗址为支撑、覆盖全国的大遗址保护整体格局。这一时期，从高句丽遗址到殷墟遗址，再到元大都遗址，一次次世界文化遗产的成功申报，推动了世界文化遗产保护的整体行动，中国考古遗址保护成果，得到国际文化遗产领域的普遍赞同。

借此机会我要特别感谢张忠培先生和各位专家。10 年来，我有幸获得当面向各位考古学家请教的机会，直接感受、学习先生们的研究方法与工作作风。回想起十几次拜访张忠培先生时，先生总是把茶沏好，耐心地对我加以辅导，讲考古学的核心理念，考古发现的重大意义，考古学家的文化追求，耳濡目染，受益良多。这些对于我来说，无疑是一笔宝贵的精神财富。我们高兴地看到，过去的一年，以张忠培先生为理事长的中国考古学会，作为我国考古学界最为重要的一个学术团体，在全国考古工作者的积极支持和参与下，活跃于学术科研和考古工作的第一线，始终引领着中国考古学学科前进和发展的方向，积极引导广大考古工作者研讨当今考古学科和考古工作的前沿问题，为考古学科建设搭建起交流与合作的平台，并在国际学术舞台上展示出特有的魅力。

借此机会我要特别感谢孙士彬副省长和河北省考古文博系统的同事们。十年来，我曾经 30 次到河北调研工作，每次总能看到孙士彬老师的身影，从山海关长城，到鸡鸣驿，再到承德避暑山庄和外八庙；从南水北调考古工地，到大运河文物保护，再到第三次文物普查现场，她始终和考古文博人在一起，当“官”不像“官”，敢于为考古文博人撑腰，共同承担困难，共享成功的喜悦。

实际上，今天我是以两个今年获得的新的身份来会议报到，向中国考古学会表示祝贺。一是中国文物学会会长，二是故宫博物院院长。这两个方面都与中国考古学会有着密切的关系。

30 多年来，中国考古学会和中国文物学会一路相伴同行，相互支持，相互合作，共同开展了一系列具有重要影响的文化行动。今年 5 月 7 日中国考古学会和中国文物学会共同见证了湖南长沙铜官窑国家考古遗址公园的开园，12 月 1 日中国考古学会、中国文物学会将在安徽含山县共同主办“中国凌家滩文化论坛”。今后我们将继续加强合作，形成合力，努力成为中国文化遗产保护的中坚力量。

到故宫博物院工作以后，我才真正了解到考古学研究与综合博物馆之间的密切关系。事实上，在世界范围考古学研究一直是综合博物馆的主要学科内容，例如故宫博物院在20世纪70年代曾根据自身的研究能力，参加了龙泉东区窑址的考古发掘工作。近年来，为完善学科建设、追踪学术发展方向，故宫博物院根据自身学术优势与藏品特点，有选择性地与各考古研究所合作参加了一些考古发掘工作，有力地推动了博物馆的专业化功能和社会化职能的发挥。一是2002—2004年，故宫博物院研究人员通过参加北京大学、江西省文物考古研究所和景德镇陶瓷考古所联合进行的景德镇御窑遗址考古发掘工作，得以深入了解御窑遗址的考古出土标本，从而更好地与故宫博物院收藏的明清御窑瓷器进行对比研究。在发掘工作中故宫博物院研究人员的田野工作能力得以提高，并荣获2003—2004年度国家文物局田野考古奖二等奖。二是2007年，故宫博物院与浙江省文物考古研究所、德清县博物馆联合发掘德清火烧山原始青瓷窑址，这是首次发掘西周晚期至春秋时期的瓷窑址，出土资料可以填补该时间段瓷器生产的空白，并在故宫博物院举办考古成果汇报展。以考古新发现向社会展示原始青瓷的发展序列和最新研究成果，受到张忠培先生、耿宝昌先生、李伯谦先生等考古、陶瓷学界专家的好评。张忠培先生强调指出参加考古发掘工作并且把最新考古成果引入故宫“表明故宫博物院开始走出昔日皇宫的院墙，关注早期瓷器史的研究、关注考古学的最新成果、追踪学术发展方向的决心，对故宫博物院的学术发展有较大的意义”。三是2010年与湖北省文物局签订协议，故宫博物院承担了南水北调工程丹江口市庞湾琉璃窑址的考古发掘工作。通过与湖北省文物考古研究所的联合发掘，证实该窑址是明代为修建武当山宫殿专门兴建的官府琉璃窑场。窑址出土资料对研究明代官作琉璃技术在全国范围内的传播以及当时对琉璃建材生产场和原料的选取均具重要意义。

总之，无论是中国文物学会，还是故宫博物院的工作，都离不开中国考古学会和各地考古文博单位的支持和指导。

在凌家滩文化论坛上的祝辞

（2012 年 12 月 1 日）

今天，我们相聚在美丽的含山。今天，含山因文化论坛的举办而更加美丽。

凌家滩，是一个既熟悉又陌生的名字。说熟悉，是因为在越来越多的媒体上可以见到凌家滩遗址的消息；说陌生，是因为凌家滩遗址丰富的文化内涵有待人们不断揭示和研究。

我们知道，凌家滩遗址是长江下游迄今发现面积最大、保存最完整的新石器时代聚落遗址，是中华文明起源的生动例证，是长江下游 5 000 多年前最重要的文明中心之一。

我们知道，经过考古学家 20 余年来的 5 次考古发掘，在不足 3 000 平方米的遗址内，发现居址、墓地、祭坛、作坊和大量出土文物，其珍贵丰富程度感动中国，震惊世界。

我们知道，凌家滩遗址出土的大批玉器，表现手法多样，制作技术高超，具有重要的考古、历史、科学和美学艺术价值，正是这些精美玉器，揭开了中华远古文明的面纱。

我们知道，经过考古调查，测出凌家滩遗址总面积达 160 万平方米，而目前的发掘面积仅占总面积的 1/800，神秘而丰富的凌家滩遗址将不断为人们带来文化震撼和惊喜。

我们相信，虽然对于凌家滩遗址的解读，还需要持续进行艰辛的考古研究，但是通过此次文化论坛的成功举办，必将进一步确定凌家滩文化在中华文明起源中的突出历史地位。

我们相信，在中国考古学会、中国先秦史学会和张忠培先生等著名考古学家的悉心指导下，凌家滩遗址的考古研究必将不断得到深化，文化价值必将不断得到揭示，文化力量必将不断得到凝聚。

我们相信，考古文博系统同人必将不辱使命，在国家文物局和省文化文物部门的带领下，把凌家滩遗址保护好、研究好，满怀信心地将中华优秀传统文化世世代代传承下去。

我们相信，在安徽省、马鞍山市、含山县各级政府的正确领导下，必将使凌家滩遗址的保护水平上升到新的高度，成为建设富强、民主、文明、和谐和美丽家园的宝贵文化财富。

在“智慧颐和园”综合信息平台（一期）项目终验评审会上的发言

（2012年12月13日）

首先，我非常赞成刚才徐冠华院士所提出的对于“‘智慧颐和园’综合信息平台”项目实际应用成效进行检测，引入第三方进行项目安全运作评估。来参加今天的评审会之前，我认真地阅读了“‘智慧颐和园’综合信息平台”项目总结报告文本，感到其中的很多关于信息技术现代发展的内容，超出我所掌握的知识领域和水平，我只能求教于故宫博物院资料信息中心主任宋玲平博士，他也十分认真地对“‘智慧颐和园’综合信息平台”项目总结报告进行了阅读，提出了关于项目的总体认识和具体建议。

我们对“‘智慧颐和园’综合信息平台”项目总结报告的总体认识，一是项目整体规划具有前瞻性、战略性和可操作性，符合颐和园信息化发展的方向。二是搭建平台所采用的面向服务体系的架构（SOA）并结合以GIS为基础的技术手段，都是目前先进的信息平台建设方法，使得整个平台建设在了一个较高的技术基础之上，实现科学技术领先。三是配合搭建平台而采用的数据交换或集成技术、报表生成工具和数据库存储技术，也是目前先进的信息技术，为实现“智慧颐和园”共享服务平台提供了进一步的技术保障。四是“智慧颐和园”总体框架设计合理，各层次之间的关系明确，实际应用中应能达到自动化、智能化、定量化和科学化的目的。五是从“‘智慧颐和园’综合信息平台”项目总结报告来看，项目组完成了近期建设目标提出的主要方面的内容，或者说完成了本期项目建设目标，达到了预期目的。

此外，我们对“‘智慧颐和园’综合信息平台”项目还提出了6个问题和4条建议，比较具体，我想把这些内容以电子文件的形式提交给颐和园管理处，仅供参考。

看到“‘智慧颐和园’综合信息平台”项目总结报告中提出“以需求为导向、以应用为目的，建立实用性强的系统”。同时刚才高大伟博士也提出“‘智慧颐和园’综合信息平台”项目应进一步拓展应用范围。为此，建议在已经取得成果的基础上，进一步根据颐和园保护发展需求，扩展和完善应用范围的广度和深度。特别建议将“‘智慧颐和园’综合信息平台”项目成果应用于颐和园世界文化遗产监测工作。

颐和园是我国现存最完整的皇家园林，是我国成功申报进入《世界遗产名录》的世界文化遗产。世界遗产监测管理是实施《世界遗产公约》检查遗产地保护管理的有效手段，也是遗产地必须进行的日常工作。作为具有代表性的中国世界文化遗产，需要按照《世界遗产公约》及其《实施指南》的要求，对世界文化遗产进行监测管理，这也是必须承担和履行的国际义务。

近年来，世界遗产委员会对世界遗产监测管理方面提出了更加严格的要求。因此，科学有效地开展世界文化遗产监测，对各种影响世界文化遗产安全的因素加以防范和控制，对文物本体及其环境实施预防性保护，使世界文化遗产的突出普遍价值及真实性、完整性得以保存，对于颐和园世界文化遗产保护来说意义重大。为此，建议充分利用“‘智慧颐和园’综合信息平台”项目成果，按照世界文化遗产保护要求的“预防性保护与抢救性保护相结合，管理科学化、信息化、标准化”方向开展世界遗产监测管理工作。

颐和园世界文化遗产监测管理，必然是结合颐和园文化遗产构成要素特性及影响因素，制定相关监测内容。主要是针对颐和园保护范围内的自然因素和人为因素所引起的保护对象及其环境的变化，通过综合信息平台等手段，进行长期系统的记录，记录其在自然和人为环境中各个时期的变化数据。今天，文化遗产保护的视野不断扩展，从可移动遗产到不可移动遗产，从文化遗产到自然遗产，从静态遗产到活态遗产，从历史遗产到当代遗产，从物质遗产到非物质遗产，使世界文化遗产监测管理工作视野更加开阔，使更多的文化遗产要素纳入监测管理工作内容。

事实上，颐和园是标志性的中国园林文化景观，以巍峨的古建筑、精美的文物、优美的山水园林而著称，因此颐和园保护范围内拥有规模巨大的文化遗产资源，其中全园总面积301.42公顷，园中有各式古代建筑、众多古树名木和珍贵文化遗存，同时年接待游客数量是国际上少数超过1 000万人次的世界文化遗产。因此颐和园世界文化遗产监测内容必然非常丰富，包括文物建筑、室外陈设、文物藏品、植物动物、环境质量、游客动态、安全防范、基础设施等各个方面内容，每个监测方面有可以进行具体细化，使其内容涵盖颐和园世界文化遗产的各个方面。

以上所述这些颐和园世界文化遗产监测，离不开此次“‘智慧颐和园’综合信息平台”项目成果的应用和“智慧颐和园”的后续建设。此次“智慧颐和园”的建设基于互联网、物联网、无线传输网、数据仓库、空间信息、云计算等技术，实现园区的全面信息化，并实现信息共享,可以满足颐和园世界文化遗产监测的一些特殊要求。

“‘智慧颐和园’综合信息平台”项目一期项目若能完成既定目标，将搭建起“智慧颐和园”信息化管理模式的总体架构，达到古建筑保护修缮、可移动文物科学保护和展示、园林绿化养护的先进性和智能性，初步实现公园管理的数字化、集成化和科学化，并在行业示范方面达到引领作用。特别是“‘智慧颐和园’综合信息平台”项目本期开展的“颐和园信息基础设施建设、数据基础设施建设、信息共享服务平台建设，以及三个典型业务应用系统（即：古建筑保护与修缮管理信息系统、园林景观管理信息系统和文物管理信息系统）的建设”，对于颐和园世界文化遗产监测将起到一定的支撑作用。

今天对于我来说也是很好的学习机会，也希望与此次“‘智慧颐和园’综合信息平台”项目参与单位建立联系，希望各位专家为故宫博物院的信息化工作给予指导。

在故宫博物院与中国文化遗产研究院合作框架协议书签约仪式上的讲话

（2013年1月24日）

今天非常高兴与中国文化遗产研究院在这里签署合作意向书，既是献给祖国文化遗产事业的新年贺礼，又是向全体公众阐明了两院将携手共创中国文化遗产事业之春的信心和决心！

故宫博物院是中国最大的博物馆，肩负着文化遗产保护与传承的重任，长期以来，故宫博物院悉心守护着国家宝藏，始终重视文化遗产的保护、利用与研究，不断地挖掘其价值并加以传承，为中国文物博物馆界培养了众多的不同专业的专家和业务骨干，在弘扬中国传统文化中作出了重要的贡献。

中国文化遗产研究院是国家级文化遗产保护科学技术研究机构，主持承担了多项文化遗产领域的科技攻关项目以及文物保护工程，历经七十年的发展，已经成为学科门类齐全、人才优势明显的具有国际视野的文化遗产保护研究中心。

在中国文化遗产事业构筑以研究评估为基础、预防性保护为主体，以人才培养为阶梯的科学保护与发展体系的今天，我们双方的合作，不仅是优势互补，更是强强联合，是我们寻求共同发展、实现双赢的重要契机。我们将本着优势互补、互利共赢、先行先试、重点突破的原则，重点在中国世界文化遗产监测、海洋出水瓷器保护和研究、文物保护与修复教育培训、对外合作交流平台拓宽等方面开展长期合作，发挥各自行业领先优势，将两院建设成为世界级的文物科学研究中心、保护中心和文化传播中心，促进中国的文物保护事业健康、科学、全面发展。

在中国文物学会第七届常务理事会第三次会议上的讲话

（2012年1月27日）

我们已经告别2012年，迈进2013年。在这辞旧迎新之际，我们召开中国文物学会第七届常务理事会第三次会议。出席今天会议的不仅有在京的常务理事，京外的同志也都在繁忙的工作中赶来参加会议。首先向大家表示新春的问候。

这是本届常务理事会第三次会议。议题是：一、听取学会秘书处工作汇报，二、审议中国文物学会第七届专家委员会名单，三、审议关于加强分支机构管理工作的办法，四、关于新设立分支机构以及分支机构换届改选事宜。

刚刚过去的2012年是不平凡的一年。在国家层面，提出全面建成小康社会的奋斗目标，强调要建设优秀传统文化传承体系，宣示实现中华民族伟大复兴的“百年梦想”，表现出高度的文化自觉和文化自信，是对文物工作的鞭策和激励。在文化遗产事业层面，文物、博物馆“十二五”规划正式实施，全国人大常委会组织《文物保护法》执法检查，全国文物工作会议圆满举行，纪念《文物保护法》颁布30周年暨修订10周年等，这一年大事多要事多，工作繁忙紧张，给我们留下深刻的记忆。

从中国文物学会来讲，2012年也是非常重要的一年。2012年6月召开第七次会员代表大会，继往开来、承前启后，成为学会工作的一个新的起点。半年来的工作，使我们对学会的工作有一个初步的认识、初步的探索、初步的尝试，也坚定了我们在老一辈学会领导奠定的基础上，继续把学会办好的信心和责任。半年来的工作是有成效的，2013 年要继续扎实做好各项工作。我讲几点意见：

一、加强自身学习，保证学会工作的正确方向。最近召开的全国文物局长会议，对全国文物系统的工作提出新的目标和任务。学会要自觉把工作融入到全国文物工作的总体部署要求中来，遵循文物工作方针，服务于文化遗产事业发展大局，量力而行、尽力而为地开展工作，为文化遗产的保护与传承尽到责任。

二、加强基础工作，促进规范管理。注重做好组织工作，特别是分支机构管理工作。要坚持学会的章程，明确宗旨、责任意识，增强责任感和使命感。由于历史的原因，分支机构的能力、水平存在参差不齐的问题，有的分支机构负责人的层次不高，处理问题存在偏差。要加强教育引导，提高分支机构负责人的能力和水平。要把这次审议的《中国文物学会分支机构管理办法》落到实处，努力使工作规范化、制度化，必要时对一些分支机构进行整顿。春节后适时召开一次分支机构工作会议，总结 2012 年工作，表扬成绩，批评不足，推动工作。

三、充分发挥优势，开展具有特点的活动。对于一个社会组织，生命在于活动，形象在于活动。学会要自觉围绕文化遗产事业的改革与发展，主动开展一些活动，例如在第七批全国重点文物保护单位公布之际，与中国考古学会联合召开座谈会，请专家学者畅谈文物保护工作。开展活动要严格遵章守纪，围绕中心，帮忙不添乱，切实承担社会责任，把活动搞得丰富多彩，把组织办得有生气。

四、做好老同志服务工作，广泛团结凝聚力量。中国文物学会成立于1984年，原名为中国老年文物研究学会，1986年更名为中国文物学会。一个“老”字，体现出学会团结着一大批老专家、老领导，他们是文物界宝贵财富。同时他们的博学多识和真知灼见，同样是珍贵的资源。搭建为老同志服务的平台，是学会的义务和责任。学会有顾问委员会，大多是老领导，这次又通过了专家委员会，大多是老专家。这次通过的专家委员会名单是第一批，是在原有的基础上审定的。那么今后还会有第二批，一定要严格把关、充分酝酿、集体审定、保证质量。同时每年要举办一些活动，组织老同志相互交流、建言献策，畅通老同志发表意见和建议的渠道，这也有利于更好地发挥社会组织的作用。

在中国考古学会第十六次年会上的讲话

（2013年10月24日）

2011年11月22日，我还在国家文物局工作期间，张忠培先生曾邀请我参加了在浙江嘉兴召开的中国考古学会第十四次年会，记得那次年会的主题是“长江下游考古学研究”，但是我在发言中却占用了较长的时间，谈了对于考古工作的一些感想，包括三个部分，一是对于中国考古学的发展历程的认识，二是中国考古界的优良传统，三是中国考古学的新转变和发展的新方向。今天回想起来，在众多考古学家面前谈论这些内容，无疑是“班门弄斧”。当时主要的想法是，这次可能是最后一次参加中国考古学会的相关会议。

一个多月以后，我来到故宫博物院工作。但是，有两件事却出乎我的意料之外。一个是在张忠培先生的鼓励下，我仍然有机会参加中国考古学会的年会，不但参加了在石家庄召开的中国考古学会第十五次年会，今天又荣幸地出席第十六次年会，使我一次次获得向各位学习的机会。另一个让我没想到的是，在故宫博物院的文物藏品中和实际工作领域，有那么多与考古工作相关的内容，就在昨天下午我还向来访的印度辛格总理和陪同访问的李克强总理介绍了故宫博物院保管的一件出土文物藏品“堇临簋”，引起了他们的兴趣。实际上，到故宫博物院工作以后，我才真正了解到考古学研究与综合博物馆之间应该建立起密切的关系。

此次年会的主题是："全球视野下的古代中国——以周秦汉唐为中心"，无疑是非常引人入胜的研究题目。但是我仍然选择"跑题"，借此机会简要地向大家报告一下故宫博物院近期的几个动态，希望得到大家的关注，谋求和各位专家学者的深入合作。

昨天上午，故宫博物院举行了故宫研究院成立大会，众多学术界泰斗和文化部、国家文物局领导出席大会表示祝贺。我们两位令人尊敬的老院长，张忠培先生和郑欣淼先生分别出任故宫研究院名誉院长和院长。故宫研究院的成立是故宫博物院在学术研究领域的重要举措。经过近90年的发展，经过不懈努力，故宫博物院不但设置了研究室，创办了故宫学研究所，而且先后成立了古陶瓷研究中心、古书画研究中心、古建筑研究中心、藏传佛教研究中心、明清宫廷史研究中心，此次又新成立了考古研究所、古文献研究所、明清档案研究所，今年又获得批准建立博士后科研工作站，初步形成了一室、一站、四所、五中心的故宫研究院基本架构。昨天我在成立大会上讲，故宫研究院将是一个令人尊敬的学术研究机构，应该呈现出独立的学术精神和包容的学术思想，真正成为一片专家学者的学术园地，一座开展合作课题研究的开放型平台，扎扎实实为文化遗产事业的健康发展、为中华优秀传统文化的永续传承，贡献出独具的力量。希望在座各位专家学者今后多利用故宫研究院这一学术平台，在更大的范围内提升学术研究水平，使我们的研究成果始终走在世界学术研究的最前沿。

大家知道，故宫博物院有三项世界级文化资源，一是拥有世界上规模最大、保存最完整的古代宫殿建筑群，二是拥有世界上收藏数量最多、价值最高的中国历代文物，三是拥有世界上数量最多，文化多元的观众群体。但是实际上故宫博物院更拥有众多享誉业内外的专家学者。今天，故宫研究院的成立，既是故宫博物院学术积累的必然结果，同时也是事业发展的迫切需要。关于故宫博物院性质的确定和故宫博物院的学科建设一样，经历了长期的思考和发展。在故宫博物院建立之初，作用只限于作为对清宫旧藏物品的展示，建馆的目的是把皇宫展示给国民，所以此时的故宫博物院还没有完整的学科建设。此后，故宫博物院靠在艺术品典藏，例如青铜器、瓷器、书画等方面的藏品累积，在相当长的历史时期内确保了故宫博物院的学术地位，成为从事艺术品研究和展示的殿堂。

自 20 世纪 80 年代晚期以后，在考古学家张忠培院长的影响下，故宫博物院开始重新思考自身定位，发现艺术博物馆远不能包括故宫的全部，所以故宫博物院开始定位于综合性博物馆，完善学科建设成为新的思考方向。我认为对故宫博物院的学科建设和人才培养，是张忠培先生为我国文物考古事业所作出的众多杰出贡献的重要组成部分。张忠培先生强调指出参加考古发掘工作，并且把最新考古成果引入故宫“表明故宫博物院开始走出昔日皇宫的院墙，关注早期瓷器史的研究、关注考古学的最新成果、追踪学术发展方向的决心，对故宫博物院的学术发展有较大的意义”。正是在张忠培先生的这一号召下，为完善学科建设、追踪学术发展方向，故宫博物院根据自身学术优势与藏品特点，有选择性地与各考古研究单位合作参加了一些考古发掘工作，故宫博物院考古研究人员先后与各地考古院所合作进行系列的调查发掘，足迹遍及四川、西藏、陕西、浙江、江西、福建等省区。《故宫博物院院刊》也在故宫藏品研究和介绍之外，开始关注发表与考古学相关的综合性研究文章，院刊的学术质量和地位不断得以提高。

昨天在故宫研究院成立的同时，正式成立了故宫研究院考古研究所，由考古学家李季先生担任所长。与考古研究所同时成立的还有古文献研究所和明清档案研究所，分别请王素先生和朱诚如先生担任所长。故宫博物院收藏古文献种类繁多、数量可观，例如有文字的甲骨 20 000 余片，有铭文的青铜器 1 600 多件，敦煌吐鲁番文献有 200 多件，碑帖 28 000 多件，明清尺牍有 42 000 多通，以及善本图书 22 万册、古籍文献 12 万多册，书版 24 万块，这样的古代文献收藏量在中国文物博物馆界首屈一指，同样就研究实力而言也位于国内的前列。因此对于故宫古文献的研究来说，组建古文献研究所既有工作基础，又有迫切需要，具有重要的意义。

除故宫研究院的成立，最近故宫博物院还在推进三件事情。一是为了加强教育培训和人才培养工作，故宫博物院拟于今年 11 月初成立故宫学院。故宫学院将紧跟国家文化遗产保护和博物馆事业发展的最新形势和实际需要，围绕故宫博物院整体事业的发展，开展面向自身、面向行业、面向社会、面向世界的多层次、多渠道、多形式的培训项目。二是近日筹备多年的故宫博物院文物科技保护中心将正式开工。希望建设成为世界上最大规模的文物科技保护机构，届时包括大量出土文物在内的文物藏品将得到有计划的抢救性保护。三是开工建设故宫博物院北院区，主要包括 2 万平方米的文物保护修复中心，5.5 万平方米的博物馆展厅。近日故宫博物院北院区的第一个项目，占地 5 万平方米的宫廷古典园艺中心将正式开工。

我向大家报告这些情况，主要是希望获得各文物考古研究单位的大力支持，也希望各位专家学者在今后的工作中多利用这些设施。总之，无论是故宫研究院还是故宫学院，都离不开中国考古学会和各地考古和文物博物馆单位的支持、帮助和指导。

中国考古学会自成立以来，走过了三十余年的成长历程。在夏鼐、苏秉琦、宿白、徐苹芳、张忠培先生历任理事长和常务理事们的共同努力下，中国考古学会与时代同步发展，成为我国考古学界最为重要的一个学术团体。我们高兴地看到，几年来，以张忠培先生为理事长的中国考古学会，在全国考古工作者的积极支持和参与下，活跃于学术科研和考古工作的第一线，从东北地区到中原地区再到江南地区,从长江流域到黄河流域,进行了广泛的区域文化研究，进一步开阔了中国考古学的文化视野。中国考古学会积极引导广大考古工作者共同探讨影响我国考古学发展的重大课题和前沿问题，始终引领着中国考古学学科前进和发展的方向，为考古学科建设搭建起交流与合作的平台，并在国际学术舞台上展示出特有的魅力。

关于建设中国文物科技保护国家基地的思考①

（2013年12月16日）

近年来，国家文物局开展了全国馆藏文物腐蚀损失专项调查，这是新中国成立以来针对国有文物收藏单位，首次进行的此类科学技术基础专项调查。历时3年时间，对全国各地2 803家国有文物收藏单位的1 470余万件（组）馆藏文物进行调查，基本掌握了我国国有馆藏文物的现状。调查结果表明，文物腐蚀损失状况相当严重。根据调查统计分析，目前全国共有50.66%的馆藏文物存在不同程度的腐蚀损害。其中处于濒危腐蚀程度文物29.5万余件（组），重度腐蚀程度文物213万余件（组），中度腐蚀程度文物501.7万余件（组），分别占全国馆藏文物总数的2.01%、14.52 %、34.13%。

在全国馆藏文物腐蚀损失专项调查中，通过将经济参照系概念及测算方法引入馆藏文物管理领域，估算馆藏文物年经济损失价值。初步推定全国馆藏文物因腐蚀损失导致的年平均损失经济量约为122亿元，约占文物经济总量83 491亿元的1.5‰。今天，如果博物馆业务人员在工作中不慎打碎一件珍贵瓷器，将是重大的文物损坏事件，但是大量珍贵文物藏品在无声无息中走向损毁，却 始终未能引起足够重视。面对如此严重的文物腐蚀损失状况，用于博物馆藏品保护的经费却仅占博物馆业务经费的5%。

① 在故宫博物院月度通报会议上的讲话。

目前，应用科学技术实施文物科技保护也存在一些突出问题，一方面，科学技术意识有待提高，在文化遗产的调查、发掘、保护、研究、展示和传播中，存在忽视合理运用科学技术的倾向，甚至认为文化遗产保护不是一门学科，而仅是一种业务技术工作。因此，科学研究基础设施不完善、运行机制和管理体制不适应等存在已久的体制性和机制性障碍，使大量实用技术停留在一般性应用层面，而高新技术的引进和利用显然不足，导致文物保护科学技术的发展难以适应文物保护事业的需求，更缺少能够承担中国文物科技保护的国家基地。

文物出土现场保护移动实验室

2010 年 10 月我们访问了正在建设的埃及国家博物馆新馆的文物修复中心，文物修复中心内共有 8 个文物修复空间，每个文物修复空间都有数千平方米的规模，依据不同性质、材质的文物藏品，建立不同的文物藏品科技保护修复平台，来自全世界的古埃及文物科技保护专家都可以共同在这一世界级平台上施展才华，令人非常羡慕。我认为我国也应该拥有强大的中国文物科技保护国家基地。在我国博物馆和文物收藏机构中保存有数以千万计的中国文物藏品，还有数量更为巨大的中国文物收藏在民间，也有数以百万计的中国文物藏品收藏在世界各地的博物馆，因此，中国文物藏品科技保护和修复的巨大需求客观存在。

通过今年年初对于故宫博物院文物库房，特别是地面库房的系统调研，更加坚定了建设中国文物科技保护国家基地的决心。故宫博物院所拥有的 180 余万件文物藏品中，上百万件需要进行修复和采取预防性保护措施。针对大量院藏文物濒临腐蚀、锈蚀等严重自然损坏状况，亟须建立大型、综合性的文物藏品修复平台，以现代科技与传统技艺、院内人才与社会力量相结合，对文物藏品进行全面和持续不断的抢救性和预防性的科技保护。故宫博物院应该勇于承担建立世界一流的中国文物科技保护国家基地的历史责任。

目前，西河沿文物保护综合业务用房即将于年底前开工建设，建设规模为 13 000 平方米，建成以后文物科技保护人员的工作条件和精密科研仪器设备的工作环境，将得到有效改善。在建设过程中，需要同时加紧策划建立各种类别的文物藏品修复工作室，购置更新必要的先进仪器设备、珍贵文物保护材料，强化科技保护人员培养，分轻重缓急开展文物藏品保护修复任务，使故宫博物院文物藏品科技保护水平始终站位世界一流。

在故宫博物院北院区的建设方案中，规划有 20 000 平方米文物科技保护设施，应努力建设成为世界上最具实力的中国文物科技保护平台，将来数量众多、体量较大的明清地毯、古代家具、武备仪仗、车马轿舆、宫廷灯具、生活用具、西洋钟表、古建藏品等文物藏品都可以在这里得到系统的保护修缮。通过故宫博物院北院区文物科技保护平台的建设，一批国家级非物质遗产项目将得到有效保护，一批非物质遗产传承人的特殊技能将得到传承弘扬，一批濒临失传的手工技艺将得到重新振兴。

文物藏品保护修复

今天，面对世界科学技术发展趋势，面对日益激烈的国际竞争，只有把科学技术真正置于优先发展的战略地位，才能把握先机，赢得发展的主动权。据了解，美国、德国、法国、意大利、日本等许多文化遗产大国都建有专门的国家级文化遗产保护科学研究机构，意大利罗马文物修复研究中心有 400 名工作人员，苏格兰保护修复社也有 400 多名工作人员，法国国家遗产研究和修复中心则有近 200 名工作人员，许多国家还有多个文化遗产保护研究机构。故宫博物院西河沿文物保护综合业务用房和故宫博物院北院区文物科技保护平台的建设，将形成中国文物科技保护国家基地，将发挥出故宫博物院的独特优势，是扭转我国博物馆文物藏品保护状况不利的被动局面，实现文物科技保护跨越式发展的重大机遇。

今天，我们需要以创建中国文物科技保护国家基地为目标，攻关文物藏品保护的关键技术，依托重大科研项目和课题，以及国际学术交流合作项目，构建科研人才培养体系的基本框架、培养模式、运行机制，加大学科带头人的培养力度，使一批文物科技保护优秀人才脱颖而出。中国文物科技保护国家基地应坚持科技保护项目对全社会开放，支持和鼓励国内外高等院校、各类科学研究机构等一切可以为中国文物藏品保护提供支持和有所贡献的力量，平等参与承担科技保护计划和项目。当前，要紧密围绕“平安故宫”工程主要环节，将技术研发、人才培养、基地建设、装备升级、体制机制创新等五个方面进行统筹考虑，以当前文物科技保护重大需求为导向，以重点解决科学技术的热点、难点和瓶颈问题为核心，积极推动科技保护工作创新。

故宫文物藏品保护修复必然是一项长期工程，必须要有持续的人才资源支撑。实际上，与科技保护用房的建设和精密科研仪器设备的购置相比，更为重要和困难的是专业人才的汇集和培养。没有具有先进理念的技术人才和基础研究成果支撑，对于文物藏品的保护修复则可能意味着破坏。同时，故宫博物院的文物藏品研究与科技保护工作具有既“博”且“杂”的特殊性，都需要专业知识和专业技术，没有接受过故宫文化专业培训的业务人员，不可能正确对待这些珍贵而独具特色的文物藏品，更难以开展学术研究和科技保护工作。因此，今后文物藏品保护修复需要大批既掌握核心技术，又具有先进理念的专家学者和技术人才，专业人才的培养与引进极为迫切，必须视为优先解决的问题。

文物藏品保护修复

今天，针对保存环境控制、库房建设、基础技术标准规范等诸多与文物藏品保护有关的问题，应从“预防性保护”的科学理念入手，达到减缓文物藏品腐蚀的速度，使文物藏品得以长久保存。同时，应增加文物藏品保护科学研究、保护修复、日常养护经费的投入。从现代理念出发，所有的文物藏品都应当加以保护，而从现实情况出发，面对有限的资源配置，则必须按照轻重缓急实施。因此，提高抢救性保护修复工程的科学技术含量，特别是保护修复重度腐蚀以上珍贵文物，必须及时提上日程。目前，就全国博物馆来说，濒危易损珍贵文物的腐蚀严重程度，由低到高依次为竹木漆器、纺织品、纸质品、金属类文物，故宫博物院也应该根据院藏文物保护状况，分析研究不同文物藏品的腐蚀严重程度，明确抢救性保护修复的重点。

故宫博物院的文物藏品数量巨大，而且保护现状相当严峻。文物藏品的多样性以及腐蚀毁损原因的复杂性，又决定了科学技术保护必然是一个多学科交叉、自然科学与人文社会科学融合、基础研究与应用研究交互展开的交叉和综合的集成体。因此，必须建立和完善开放、流动、竞争、协调的科学技术发展运行机制，组合优势资源，形成强势科技支撑，协同解决文物藏品科技保护的关键性问题。同时，需要实行保护技术、方法、材料、产品的准入制度和专家论证制度，在科学技术成果的选择和实施中坚持严肃、谨慎的态度，坚决阻止那些落后的和不成熟的技术进入故宫博物院文物藏品保护修复领域。

现代科学技术的广泛应用，使文物藏品保护科学技术含量不断提高，而现代科学技术和传统工艺的有机结合，则应该成为文物藏品保护科学技术的核心内容。故宫博物院文物藏品中大部分为清宫旧藏，有些文物藏品出自于民间，保护修复不仅依靠科学技术手段，而且需要依靠传统技艺传承。例如织绣类文物，明清时期，官府设有规模巨大的丝织工场，著名的有“江南三织造”，即设在南京、苏州、杭州三地的织造衙门，据有关资料记载，乾隆十年江南三局匠役总数为七千名左右。今天需要与南京、苏州、杭州等城市加强合作，对于江南地区的非物质文化遗产传承人进行调查和建立合作平台。

今年，故宫博物院与东城区政府达成共识，由故宫博物院建立起文物藏品保护修复平台，由东城区政府组织非物质文化遗产传承人参与文物藏品的修复工作。我看过一些传承人的业务档案，显示他们的前辈或者师傅的师傅曾在清宫造办处工作，表明他们的技艺流传有序，对于故宫博物院的清宫旧藏文物比较熟悉，如果参与这些文物藏品的保护修复，将不但使文物藏品得到保护，而且使传统技艺得以传承。这是故宫博物院第一次引入社会人才修复文物，也是在用人机制方面的探索。

与东城区政府院藏文物抢救性科技修复保护合作项目启动

关于设立公益性行业（文物保护）科研专项的提案[①]

（2014 年）

近年来，文化遗产保护科技工作取得了长足进步，行业科技意识明显提高，科技成果不断涌现，科技创新能力快速提升，一批制约文化遗产事业发展的重点、难点和瓶颈问题得以有效解决。但是，我们必须清醒地认识到，文化遗产事业的持续快速发展还面临着诸多挑战，我国从文化遗产大国向文化遗产强国的转变仍任重而道远。当前，我国文化遗产保护任务空前繁重，尽快推动文化遗产保护科技的进步，充分发挥科技的支撑和引领作用，是我们面临的紧迫而繁重的任务。

多学科综合研究是科学发展的大趋势，尤其对于文化遗产保护更显重要。今天，文化遗产保护科技已逐步呈现出基础研究与应用技术并重、高新技术与传统工艺结合、学科交叉和技术集成互补的发展趋势。文化遗产保护的新理念、新实践，需要更多学科的参与，需要集多学科联合力量聚焦攻克文化遗产保护难题。人文社会科学、自然科学需要进一步融合，打破部门、条块界限，建立共享平台，形成强势科技团体联合攻关，协同解决文化遗产保护的关键技术问题。

文物博物馆事业是知识密集型、社会性、基础性的公益事业，

① 此文为在全国政协十二届二次会议上的提案。

其发展离不开科技进步。文物保护与传承的科学研究工作，具有“面向应用、支撑行业、注重实效”的鲜明特征。近年来，在财政部、科技部等有关部门的支持下，在广大科技人员的努力下，我国文物科技工作取得了跨越式发展。国家文物局与中国科学院联合签署了科技战略合作协议，建立联合攻关工作模式；培养了一批专业技术人员，研发了一些新技术、新产品、新材料、新装置，获得了一批重要自主知识产权和专利。但是，由于历史欠账较多，总体上看，我国文物保护科技工作仍然面临许多问题。

2012年，国家文物局联合中国科学院，组织两院院士和文物保护领域专家，对我国文物保护科技工作进行了专题调研，形成了学部建议。建议指出，目前我国文物保护的总体形势依然严峻，馆藏腐蚀文物数量较多，有的还呈加剧态势，不可移动文物由于材料、时间和环境等多种因素，健康状况不容乐观；很多世界文化遗产地历史风貌的完整性、真实性遭到破坏，科学保护水平不高；缺乏统一组织实施的多学科、多技术的科学系统工程，诸多共性、关键科学与技术难题尚未破解，不乏因科学评估和技术不成熟引起的“保护性破坏”；科学研究装备水平总体落后，从事交叉学科研究的复合型人才队伍体量太小，战略科学家匮乏。亟须积极发展和创新各种现代科技手段，建立文物科学认知和保护的科技支撑体系，凝练若干重大科技专题，解决文物保护的基础性、关键和共性科学和技术难题。建议最后指出，研究经费投入严重不足，渠道较为单一且分配结构不合理等现实性问题是重要原因之一，亟须从国家层面加强顶层设计，予以系统解决。

根据《关于深化科技体制改革加快国家创新体系建设的意见》提出的“推进科研项目管理改革”“完善科技经费管理制度”总体要求，

建议设立稳定的文物保护科研经费渠道和投入机制，增加文物保护科研经费投入，参照农业、水利、环保、地震、中医药等行业的做法，提出如下建议。

（1）中央财政设立公益性行业（文物保护）科研专项，作为我国文物保护科学研究的主要经费来源。

（2）公益性行业（文物保护）科研专项，依据《历史文化遗产科学和技术中长期发展规划纲要（2006—2020）》提出的重点领域、优先主题和《文物保护科学和技术发展“十二五”规划（2011—2015）》确定的重点任务，重点支持可移动文物认知与保护技术提升、不可移动文物认知与保护技术提升、考古与出土现场应急保护技术提升、博物馆与文化遗产传播技术提升等 4 个方面的研究，同时在实施过程中加强技术研发、装备升级、人才培养、基地建设和体制机制创新的统筹协调；主要支持文物博物馆单位、高等院校、科研院所的科研人员和创新团队开展应急性、培育性、基础性科研工作，其中对文物博物馆系统外的支持将不少于 50%。

（3）创新管理方式，建立第三方机构评估咨询、绩效考评制度。委托第三方机构参与项目过程管理，对科研项目的执行情况、组织管理、配套条件落实、经费管理、预期前景和课题绩效等进行独立评估，为行业主管部门管理决策提供咨询意见。同时，委托第三方机构对项目目标实现程度、经费投入产生的效益和经费使用管理进行综合评价考核。